Pierre Rival (Text)
Christian Sarramon (Fotos)

Paris für Gourmets
Die berühmtesten und schönsten Restaurants und Bistros

Aus dem Französischen
von Ingrid Ickler

Flammarion

Inhalt

Seite 8
Paris, die Metropole der Esskultur

Idee und Name des Restaurants entstanden Ende des 18. Jahrhunderts in Paris. Seitdem ist die *ville lumière* nicht nur ein Mekka der Esskultur, sondern auch eine Hochburg der guten Restaurants. Hier wurden nicht nur die Bistros und Brasserien geboren, auch die »Konzept«- und »Design«-Restaurants verdanken wir der Stadt. Von hier aus fanden verblüffende und revolutionäre gastronomische Konzepte ihren Weg in die ganze Welt. In Paris haben die Restaurants als Ausdruck französischer Kultur einen hohen Stellenwert, den architektonischen Sehenswürdigkeiten durchaus ebenbürtig.

Seite 14
Historisches Ambiente

Eine Einrichtung wie aus dem Museum, eine Küche der Spitzenklasse und mindestens 100 Jahre erfolgreich am gleichen Platz: Historische Restaurants wie das Grand Véfour, das Les Ambassadeurs, das Lapérouse und das Maxim's vereinen alle diese Attribute. Ein besonderes Erlebnis für alle, für die ein Restaurantbesuch eine Reise in die Vergangenheit ist.

Seite 56
Brasserien

Die Brasserien sind typische Pariser Institutionen, genau wie die Terrassencafés oder die Bouquinisten. Früher wurden dort Reisende bewirtet oder Schriftstellern und Künstlern ein Refugium geboten. Heute sind Brasserien wie La Coupole, Lipp oder das Train Bleu ein beliebter Treffpunkt für Pariser aller Gesellschaftsschichten, die eine schmackhafte und herzhafte Küche genießen wollen.

Das Square Trousseau unweit der Bastille ist ein typisches Arbeiterbistro aus dem 19. Jahrhundert, das sich seine Ursprünglichkeit bis heute bewahrt hat (Seite 2). Vielseitige Küche und einladendes Ambiente – das von Philippe Starck gestaltete Bon steht für den neuen Stil der Pariser Luxusrestaurants (vorhergehende Doppelseite).

Seite 84
Bistros

Die wirkliche kulinarische Revolution der letzten Jahre fand in den Pariser Bistros statt: Allard, Aux Lyonnais und L'Ami Louis sind Beispiele für das erfolgreiche Comeback der bürgerlichen Küche. Hier haben die Pariser Gelegenheit, den Geschmack und die Aromen traditioneller Hausmannskost wieder zu entdecken.

Seite 114
Zeitgenössisches Design

Jacques Garcia, Terence Conran, Olivier Gaguères, Pierre-Yves Rochon, Philippe Starck… Die führenden Köpfe moderner Innenarchitektur schaffen den Rahmen für die Küche der Zukunft, sei es im L'Ambroisie, Le Belier, L'Alcazar, dem Crystal Room, dem Pinxo, dem L'Atelier de Joël Robuchon, dem La Chiberta, dem Café Marly, dem Hotel Costes oder dem Georges.

Seite 161
Adressen und Tipps

Hier finden Feinschmecker eine Zusammenstellung der großen Namen der Restaurantszene, aber auch eine reiche Auswahl an Häusern mit außergewöhnlicher Inneneinrichtung.

Was die Gastronomie angeht, ist Paris auch heute

noch das Maß aller Dinge. Viele Pariser Restaurants haben Geschichte geschrieben. Wenngleich die Stadt heute nicht mehr Zentrum des internationalen Kunstmarkts ist, Französisch seine Bedeutung als Sprache der Diplomatie und Kultur weitgehend verloren hat und die maßgeblichen Akzente in der Literatur- und Theaterlandschaft anderswo gesetzt werden: Paris ist nach wie vor die Referenzadresse für gute Restaurants und gutes Essen. Die internationale Spitzenküche ist stark französisch geprägt, denn seit mehr als 300 Jahren haben die Küchen der anderen Länder sowohl die Technik der Zubereitung als auch den Service aus Frankreich übernommen. Ursache dieser Vorherrschaft ist nicht etwa der besondere kulinarische Ideenreichtum der Franzosen oder die Vielfalt ihrer regionalen Küchen. Dies können auch andere Länder für sich in Anspruch nehmen, die zum Teil auf eine mehr als 1000-jährige Küchentradition zurückblicken können. Entscheidend für die herausragende Stellung von Paris als Metropole der Esskultur ist die besondere Passion der Franzosen für gutes Essen: Essen ist nicht die bloße Befriedigung des Hungergefühls, sondern vitaler Bestandteil der französischen Identität, genau wie die Sprachkultur oder die gemeinsame Vergangenheit. Sichtbarer Beweis dafür ist der hohe Stellenwert der Pariser Küchenchefs im kulturellen Leben der Stadt. Sie gelten als wahre Künstler, deren kulinarische Meisterwerke und Rezepte Gegenstand sachverständiger Diskussionen in Gourmetkreisen ist. Allerdings hat der eine oder andere, der seine Meinung heftig kundtut, noch nie einen Fuß in eines der Restaurants gesetzt hat, was aus dem Blickwinkel eines Fremden ein Widerspruch sein mag. In Paris ist die Gastronomie eben ein wichtiges Diskussionsthema wie etwa die Politik oder der Sport. Das liegt auch daran, dass die Haute Cuisine und die bürgerliche Küche, also das, was am heimischen Herd zubereitet oder in den Bistros gegessen wird, gleichrangig nebeneinander stehen und sich gegenseitig inspirieren. Kulinarische Geistesblitze der professionellen Köche haben durchaus auch Platz am heimischen Herd, umgekehrt hält der hohe Stellenwert des naturbelassenen Produkts in der bürgerlichen Küche die Profis von allzu abgehobenen Experimenten ab. Das dichte Netz an Hotelfachschulen in Frankreich mit der berühmten Pariser École Ferrandi an der Spitze bietet Gewähr für die Weitergabe des kulinarischen Know-how an die Küchenbrigaden der Luxushotels und der Gourmettempel ebenso wie an das Personal der Familienbetriebe. Der traditionelle Tagesrhythmus mit drei Mahlzeiten bietet dem Gast die passende

Gelegenheit, in trauter Runde gut zu essen und zu entspannen. Vor diesem Hintergrund verwundert es nicht, dass manche Pariser Restaurants hinsichtlich Prunk den Kirchen der Hauptstadt in nichts nachstehen. Die Revolution ist Vergangenheit, die Kirchen sind ihrer Schätze beraubt, die Restaurants aber sind geblieben, was sie waren: wahre Schmuckstücke, von den besten Architekten geplant und von hervorragenden Malern und Kunsthandwerkern ausgestaltet.

Dieses Buch ist ein Streifzug durch die berühmtesten und schönsten Pariser Restaurants. Seit dem 18. Jahrhundert haben die Besten ihrer Art nicht nur von ihrem kulinarischen Angebot, sondern auch von ihrem Interieur profitiert, egal ob klassisch oder zeitgenössisch. Noch heute gibt es in Paris Restaurants im Art-déco- oder Jugendstil. In jüngster Zeit geht die Tendenz eher zu modernem oder postmodernem Design, wobei Reverenzen an die gute alte Zeit mit avantgardistischen Ideen eine harmonische, typisch pariserische Verbindung eingehen. Architekten und Designer wie Jacques Garcia, Patrick Jouin, Philippe Starck oder auch Jean-Michel Wilmotte haben ihre ersten Schritte in Sachen Restauranteinrichtung in Paris gemacht, ehe sie später ihr Wissen in der ganzen Welt weitergegeben haben. Egal ob Restaurant in einem Luxushotel oder Bistro um die Ecke: Die Tendenz geht nicht nur zum Aufsehen erregenden Design, sondern auch zu einer neuen Form der Geselligkeit. In Geschäftsräume integrierte Restaurants oder Küchen, die man vom Gastraum einsehen kann, liegen voll im Trend. Der früher als steif geltende Service à la française wird heute lockerer dargeboten, ohne dabei an Qualität zu verlieren. Der Gast kann das perfekte Tranchieren und Vorlegen am Tisch oder die Zubereitung der Speisen direkt vor seinen Augen genießen. Eine kulinarische Reise in die französische Hauptstadt ist ein Abenteuer. Nach Lust und Laune kann man sich in die Vergangenheit oder in die Zukunft entführen lassen. Wer will, kann bei seiner Suche wie ein Flaneur des 19. Jahrhunderts ziellos durch die Straßen streifen oder, ganz moderner Mensch des 21. Jahrhunderts, zielgerichtet strategisch vorgehen. Ob bodenständige Küche oder kulinarische Experimente: Paris überzeugt Nostalgiker und abenteuerlustige Gourmets gleichermaßen. In dieser Harmonie der Gegensätze liegt schon immer der besondere Charme der Stadt.

Das Café Marly gegenüber der Louvre-Pyramide:
gleich zwei Beispiele für die gelungene Synthese von Neu und Alt (Seite 8).
Deckengemälde im Train Bleu, dem prunkvollen Restaurant in der Gare de
Lyon: Karneval in Nizza um 1900 (vorhergehende Doppelseite).
Die noch leere Meeresfrüchtetheke in Terence Conrans L'Alcazar nahe der Kirche
Saint-Germain-des-Prés aus einer ungewöhnlichen Perspektive (gegenüber).

Historisches Ambiente

Restaurants mit Geschichte

PRUNIER
Detail der Bar des Prunier mit den Art-déco-Mosaiken (vorhergehende Seite).

LE PROCOPE
Ohne sich um historische Bezüge zu kümmern, verbindet die Einrichtung des Procope Stilelemente aus dem ausschweifenden 18. und dem romantischen 19. Jahrhundert miteinander (gegenüber).

Die Chronik der gehobenen Gastronomie in Paris beginnt mit einem der Aufsehen erregendsten Misserfolge der Restaurantgeschichte. Im Mittelpunkt dieses Desasters steht Belloni, ein berühmter Schauspieler des frühen 18. Jahrhunderts, der von den Parisern für seine Darstellung des Pierrot geradezu vergöttert wurde (wohl inspiriert durch das berühmte Gemälde von Antoine Watteau, *Pierrot, genannt Gilles* aus dem Louvre). Belloni wollte seine Berühmtheit zu Geld machen und dazu ein Lokal eröffnen. Werfen wir einen Blick in die *Mémoires pour servir à l´histoire des spectacles de la foire* der Gebrüder Parfaict: »Der allseits beliebte Belloni wollte sein Ansehen noch weiter steigern und *Limonadier* werden. Er besorgte sich die nötige Erlaubnis und ließ sich in der Rue des Petits-Champs nieder, gegenüber der Passage du Cloître Saint-Honoré. Die Decke in seinem Lokal war über der Tür mit Bildern italienischer Schauspieler bemalt, wobei auch Belloni nicht fehlte. Das Lokal hieß Au Café Comique. Dieser Name und der gute Ruf Bellonis trugen zum großen Erfolg des Lokals bei, der aber durch einen Kerzenstummel ein jähes Ende fand. Eines Morgens, das Café war gut besetzt, fand ein Gast einen Gegenstand in seiner Tasse. Bei näherer Untersuchung stellte sich heraus, dass es sich um einen Kerzenstummel handelte. Ich verkürze den Rest der Geschichte, die für den schauspielernden Lokalbesitzer sehr unerfreulich war. Die anwesenden Gäste zeigten sich schockiert und erklärten einhellig, nie wieder einen Fuß in Bellonis Café zu setzen. Sie hielten Wort, und mit einem Schlag war das Lokal wie verwaist.« Man schrieb das Jahr 1710 oder 1712, eine Zeit also, in der Kaffee zum Modegetränk wurde. Bellonis Café hätte eine Goldgrube sein müssen, doch er baute zu sehr auf seine Popularität als Schauspieler. Er vergaß dabei, dass Ambiente und Service für den Erfolg genauso wichtig sind. Sein Lokal unterschied sich in nichts von den »Orten, an denen sich das Diebsgesindel, die Betrüger und andere schlechte Menschen versammeln«, wie es in einem Polizeibericht der damaligen Zeit heißt. Mit anderen Worten: Bellonis Café Comique war nicht mehr als eine finstere, verrauchte Taverne, wo alle möglichen fragwürdigen Geschäfte abgewickelt wurden.

LE PROCOPE

Das Procope, ein Ort für Umstürzler? Unter den Augen von Chopin erinnern Tapeten mit Motiven der Revolutionswaffen an die Rolle des Restaurants als Treffpunkt der Sansculotten (oben und gegenüber).

Ganz anders entwickelte sich das 1689 (andere Quellen sprechen von 1702) von Francesco Procopio dei Coltelli aus Palermo eröffnete Le Procope. Wie in der Folgezeit bei vielen anderen Gastwirten auch beginnt Procopios Karriere bescheiden mit einem Kaffeeausschank auf dem Jahrmarkt von Saint-Germain. Doch mit seinem ausgeprägten Geschäftssinn schafft er die Grundlage für das Erfolgsrezept aller großen Pariser Restaurants: Ein Lokal, in dem Getränke und Speisen angeboten werden, muss einen günstigen Standort haben, ansprechend eingerichtet sein und gute Produkte anbieten. Das Procope erfüllt alle drei Anforderungen. Der Standort ist gut gewählt. Der Unternehmer aus Palermo eröffnet sein Lokal in der Rue des Fossés-Saint-Germain (der heutigen Rue de l'Ancienne-Comédie) gegenüber dem Théâtre-Français, wo die Nachfolger Molières mit ihrer Schauspieltruppe damals ihre Stücke aufführen. Auch die Einrichtung ist gelungen. Der Fußboden der großzügigen Speiseräume ist mit schwarz-weißen Kacheln gefliest, die stets sauber und gepflegt wirken und noch heute ein Blickfang sind. An den Wänden lässt Procopio Spiegel anbringen, um die Großzügigkeit der Räume optisch noch zu verstärken. Solche Finessen waren bis dahin nur in den großen Stadthäusern wohlhabender Bürger und in den Adelspalästen zu finden. Als Beleuchtung wählt er prachtvolle Deckenlüster, in deren Kristalltropfen sich die Kerzenflammen spiegeln. Procopio schafft auf seine Weise ein elegantes Podium, das der Bühne im gegenüberliegenden Théâtre-Français in nichts nachsteht. In diesem Rahmen können die Gäste ihren Träumen nachhängen und dabei ihren Kaffee genießen. Außer Kaffee gibt es erlesene Likörweine, wie den *Rossolis* oder den *Populo,* die nach einem speziellen Rezept aus Branntwein, Gewürznelken, schwarzem Pfeffer, Korianderkörnern, Anis und Zuckersirup gemischt werden. Die adligen Damen lassen ihre Kutschen unmittelbar vor dem Procope halten, um – ohne einen Fuß in das Lokal setzen zu müssen – direkt im Wagen bedient zu werden. Drinnen drängen sich die Herren der feinen Gesellschaft. Im Procope kann man auch die *Nouvelles à la main* kaufen, die Vorläufer der heutigen Zeitungen. Hier verkehren Schauspieler, niederer Adel und die Geistlichen des Hofes. Im 18. Jahrhundert trifft man Jean le Rond, d'Alembert, Diderot, Piron, Jean-Jacques Rousseau oder Voltaire. Letzterer macht das Procope zum Schauplatz seiner Komödie *Le Café ou L'Ecossaise,* und Beaumarchais feiert hier die Premiere seines Stücks *Die Hochzeit des Figaro.* Während der Französischen Revolution ist das Procope – es heißt inzwischen nach dem neuen Eigentümer Café Zoppi – der offizielle Sitz des Club des Cordeliers, des linken Flügels der Bergpartei, die nacheinander von Danton, Marat und Hébert angeführt wird. Mit der Revolution fallen die strengen Zunftbestimmungen weg, und die *Café-Limonadiers,* also auch das Procope, erhalten endlich das Recht, auch Speisen anzubieten. So schreibt ein Zeitgenosse im Jahr 1807: »Heute kann man fast überall etwas

zu essen bekommen, meist Koteletts oder Nierchen in Champagnersauce.« Aus dem Café ist ein Restaurant geworden, das auch im 19. Jahrhundert ein Anziehungspunkt für Künstler und Intellektuelle bleibt. Und heute? Der berühmte schwarz-weiß gekachelte Boden, die prächtigen Spiegel im Erdgeschoss und die Empore, von der die Autoren und Schauspieler, die gerade im Théâtre-Français Triumphe gefeiert hatten, ein letztes Mal ihrem Publikum zuwinkten, lassen erahnen, welch wichtige Rolle das Procope seinerzeit im Pariser Leben gespielt hat. Ansonsten wurde das Restaurant im Lauf der Jahrhunderte grundlegend renoviert. Es erscheint heute eher wie ein Museum voller Erinnerungen an seine berühmten Gäste: Voltaires Ofen, Tapeten aus dem Jahr 1830, auf denen Szenen der Französischen Revolution abgebildet sind, und überall Porträts der »Procope-Familie«, von Benjamin Franklin bis Verlaine. Serviert wird bürgerliche Küche. Die Spezialität des Hauses ist der Coq au vin ivre de Juliénas, ein Klassiker, der bereits 1746 in Menons berühmtem Kochbuch beschrieben wird, dort allerdings ohne Tagliatelle. An die Stelle der »verweichlichten Großkopferten« sind heute wohlerzogene Touristen getreten.

So richtig beginnt die Geschichte der Pariser Restaurants im Jahre 1782 mit der Eröffnung des luxuriösen La Grande Taverne de Londres in der Galerie de Valois im Palais-Royal. Der Besitzer ist Antoine Beauvilliers, der ehemalige Mundschenk des Comte de Provence (des Bruders des Königs, des späteren Königs Ludwig XVIII.). Dies widerlegt die irrige Annahme, die ersten Restaurants seien von Köchen in adligen Diensten gegründet worden, die während der Revolution arbeitslos geworden sind. Das Restaurant ist noch eine Erfindung des Ancien Régime, auch wenn die fundamentalen gesellschaftlichen Veränderungen wesentlich zum Aufstieg dieser Form der Gastronomie beigetragen haben. »Das Lokal von Antoine Beauvilliers war das Erste mit einem eleganten Salon, tüchtigen Kellnern, einem ordentlichen Keller und einer eigenen Küche«, schreibt Anthelme Brillat-Savarin in seiner *Physiologie des Geschmacks*. Kurz, mit all dem, wofür man später den Begriff Restaurant prägen wird. Es ist interessant, welchen Wert der berühmte Beauvilliers auf Service und äußeren Rahmen seines Hauses legt. Er ist kein Gastronom wie jeder andere. Wenn er seine Gäste empfängt, trägt er ein Schwert am Gürtel, eigentlich ein Privileg der Offiziere der Krone. Diese Anmaßung bringt ihm 1791 eine Gefängnisstrafe ein.

Das Wort »Restaurant« ist ursprünglich eine Bezeichnung für eine die Kräfte regenerierende Suppe. Ein Suppenverkäufer namens Boulanger stellt 1765 in seinem Ausschank in der Rue des Poulies nahe des Louvre einige Tische auf und serviert seinen einfachen Gästen portionsweise Schafsfüße in weißer Soße. Damit ist Boulanger der Vorreiter

LE GRAND VÉFOUR
Das Grand Véfour unter den Arkaden des Palais-Royal (gegenüber) ist das letzte Zeugnis der großen Zeit dieses Parks zwischen 1786 und 1829, als sich hier ganz Paris getroffen hat. Ein Original-Serviertisch. Tafelsilber und Porzellan harmonieren mit dem historischen Dekor des Grand Véfour (unten). Der große Speisesaal mit den roten Bänken, auf denen schon Colette und Cocteau saßen (folgende Doppelseite).

für die heutigen Bistros. Die Blütezeit der Restaurants beginnt jedoch erst im 19. Jahrhundert. Noch 1824 hält es Brillat-Savarin für nötig, den Beruf des »Restaurateurs« genau zu definieren: »Sein Handwerk besteht darin, dem Publikum stets eine fertige Speise anzubieten, die portionsweise zu einem festen Preis verkauft wird [...]. Eine Speisekarte ist die Auflistung der angebotenen Gerichte mit der Angabe des Preises, und die Rechnung ist die Aufzählung der verzehrten Speisen und deren Preis.«

Aber zurück zu Beauvilliers. Im Sog seines Erfolgs eröffnen noch weitere Lokale in den Arkaden des Palais-Royal, der damals einer der Hauptanziehungspunkte in Paris ist. Man kann sich kaum vorstellen, dass in diesem heute etwas verwaist wirkenden Garten einmal zahlreiche Holzbuden mit »Pariser Waren« gestanden haben, mit Stoffen, Schmuck, Büchern und Bekleidung. Auf den Wegen drängen sich Männer und Frauen, die ein gutes Geschäft machen oder nur ein galantes Abenteuer erleben wollen (hier macht Bonaparte seine erste Eroberung). Das Palais-Royal gehört Louis-Philippe d'Orléans, einem Enkel des Königs. Als Mitglied der königlichen Familie genießt er faktisch Immunität, so dass weder Wachen noch die Polizei gegen das Treiben einschreiten dürfen. Von der Obrigkeit unbehelligt, blüht die Prostitution und breiten sich satirische Schriften und mehr oder weniger verbotene Zeitungen aus. 1789 ist das Palais-Royal eine der Keimzellen der nahenden Revolution. In den Arkaden rund um den Garten eröffnen Kaffeehäuser, Weinschenken und Spielsäle. Zum Beispiel das Café de Foy in der Galerie de Montpensier, das Café de Chartres (auf das wir noch zurückkommen werden) und das Café du Caveau in der Galerie de Beaujolais oder das Café Favier und das Café Méchanique in der Galerie de Valois. Der Erfolg von Beauvilliers zieht die Eröffnung weiterer Restaurants nach sich: Zug um Zug entstehen das Véry und das Trois Frères Provençaux in der Galerie du Beaujolais und das Petit Véfour in der Galerie de Valois. In den Cafés kann man jetzt auch etwas essen, wie etwa im Café de Chartres, das nach der Rückkehr der Bourbonen nach Paris im Jahre 1814 unter dem Namen seines ersten Besitzers Jean Véfour zahlreiche ausländische Gäste anzieht. Hier sitzt Graf Rostopchine, der Moskau niederbrennen ließ, mit seinem Französischlehrer beim Essen. Gäste sind auch die schöne Flore aus dem Théâtre des Variétés oder der Entdecker Alexander von Humboldt, der stets »Fadennudeln, eine Scheibe Hammelbrust und Bohnen« zu Mittag isst. Seit dieser Zeit ist das Grand Véfour (das Adjektiv wird um 1825 beigefügt, um das Lokal vom Petit Véfour zu unterscheiden) ein leuchtender Stern am Pariser Gastrohimmel. Daran ändert auch die Entscheidung des späteren Königs Louis-Philippe nichts, der 1829 beschließt, den Park von Buden und Prostituierten zu befreien. Danach wirkt das Palais-Royal wie ausgestorben. Das Grand Véfour jedoch hat alle Höhen und Tiefen überlebt, was einen

LE GRAND VÉFOUR
Die pompejanisch inspirierten Hinterglasbilder sind historisch schwer einzuordnen. Sie zeigen den Prunk dieses Etablissements, das schon immer ein Luxusrestaurant war (gegenüber). Im kleinen Salon in der ersten Etage kann man ungestörte Treffen arrangieren (oben).

LE GRAND VÉFOUR
Guy Martin ist der Erbe einer mehr als 200-jährigen Tradition Pariser Spitzenköche (oben). Eine Herbstallegorie – sinnlich und sanft (gegenüber).

Gastronomiekritiker 1842 zu der Aussage veranlasst: »Wer einmal zu Véfour geht, kommt immer wieder. Dieses Haus stirbt erst dann, wenn auch die Lust am guten Essen stirbt. Kurz: Es ist unsterblich.« In der Tat kann sich kein anderes Pariser Haus einer mehr als 200-jährigen Geschichte rühmen. Nach einer vorübergehenden Durststrecke durch den Niedergang des Palais-Royal erlebt das Grand Véfour nach dem Zweiten Weltkrieg unter der Führung von Louis Vaudable einen Wiederaufstieg. Vaudable ist damals Chef des Maxim's. Als Partner wählt er den berühmtesten französischen Küchenchef der 1950er Jahre, Raymond Oliver. Seine Bemühungen, dem Haus neuen Glanz zu verleihen, werden 1953 mit drei Michelin-Sternen gekrönt. Heute sorgt Patron Guy Martin für die nach wie vor herausragende Qualität des Grand Véfour, dem letzten Zeugen aus der Gründerzeit der Restaurants. Über die Zeit, in der die Inneneinrichtung des Hauses entstanden ist, wird bis heute diskutiert. Handelt es sich wegen der zahlreichen römisch inspirierten Elemente um Empire, was lange Zeit vorherrschende Meinung war? Oder soll man sich der Meinung derjenigen Experten anschließen, die in ihrem Denkmalschutzgutachten von 1964 ausführten, dass nur die Rankenornamente der Decke aus dem späten 18. Jahrhundert stammen? Die direkt auf die Wände der beiden Speisesäle geleimten Gemälde hinter Glas jedoch müssten auf 1850 datiert und somit dem »Pompejanischen Stil« zugeordnet werden, der in dieser Zeit in Mode war. Wurden diese Bildtafeln wirklich aus Italien importiert, wie einige Fachleute vermuten, die eine Ähnlichkeit zu den Wandmalereien des Café Florian in Venedig zu erkennen glauben, oder sind sie dem Empiremaler Pierre-Paul Prud'hon zuzuschreiben? Mit absoluter Sicherheit lassen sich diese Fragen nicht beantworten, da es keine schriftlichen Dokumente über die Herkunft der Inneneinrichtung gibt. Und eigentlich ist dies auch gar nicht so wichtig. Charme und Sinnlichkeit der Bildnisse opulenter Tafelfreuden faszinieren und verleihen dem Grand Véfour eine märchenhafte, zeitlose Atmosphäre. Das Grand Véfour ist zweifellos ein Ort höchster Sinnesfreuden, an dem glücklicherweise das Niveau der Küche der geschmackvollen Einrichtung in nichts nachsteht. Hier können die Gäste einen zauberhaften Abend fernab der Realität genießen. Auch in diesem Sinne passt Guy Martins Küche zum äußeren Rahmen. Sie ist zwar modern, aber nicht avantgardistisch, und noch heute findet sich der eine oder andere berühmte Klassiker von Raymond Oliver auf der Karte (wie das Täubchen Rainier III.). Guy Martin überzeugt mit kulinarischen Novitäten, die jedoch wie Klassiker anmuten, wie zum Beispiel der köstliche mit Trüffeln gefüllte Ochsenschwanz Parmentier.

Der deutsche Philosoph Walter Benjamin schrieb, Paris sei »die Hauptstadt des 19. Jahrhunderts«. Auf die Kultur bezogen, zeigt sich die Dominanz der Stadt vor allem in der Esskultur. Man muss nur die *Menschliche Komödie* von Honoré de Balzac oder den großen Paris-Roman von Gustave Flaubert *Die Erziehung des Herzens* lesen, um einen Eindruck davon zu bekommen, welch große Rolle die Restaurants im damaligen Pariser Gesellschaftsleben spielten. Auffällig häufig tauchen in diesen Romanen die Namen von Cafés auf: Café Anglais, Café de Frascati, Café de Tortoni, aber auch das Café du Rocher de Cancale, dessen Fassade man heute noch in der Rue Montorgueil bewundern kann. Auch Émile Zolas Heldin Nana verkehrt im Café Anglais, das damals für das mondäne Paris den gleichen Stellenwert zu haben schien wie später die Brasserie Lipp oder das Maxim's. In diesem Etablissement neben der Opéra-Comique, an der Kreuzung von Boulevard des Italiens und Rue Marivaux, stand übrigens Adolphe Dugléré hinter dem Herd, der durch das Seezungen-Rezept gleichen Namens berühmt wurde. Der kulinarische Esprit des Café Anglais hat sich bis heute im Tour d'Argent erhalten, dessen Gründer André Terrail wiederum die Tochter von Claudius Burdel geheiratet hat, dem letzten Besitzer des Café Anglais. Auch die Schätze des berühmten Weinkellers hat Terrail mit übernommen. Das Café Anglais bestand bis 1913, und so hatte auch Marcel Proust noch Gelegenheit, dort Gast zu sein. Sein Jahrhundertroman *Auf der Suche nach der verlorenen Zeit* enthält eine ganze Reihe detaillierter Beschreibungen von Restaurants dieser Zeit. So findet der liebeskranke Held in *In Swanns Welt* Zuflucht in einem der besten Pariser Speiselokale: »Manchmal ging er, anstatt zu Hause zu bleiben, zum Mittagessen in ein nahes Restaurant, dessen gute Küche er früher sehr geschätzt hatte und das er heute nur aus einem dieser geheimnisvollen, gleichermaßen aber lächerlichen Gründe besuchte, die man romantisch nennt: Dieses Restaurant (es existiert noch heute) trug den gleichen Namen wie die Straße, in der Odette wohnte: Lapérouse.«

Im Lapérouse von heute lebt die für ein Luxusrestaurant des 19. Jahrhunderts typische Atmosphäre weiter. Hierher kam man nicht nur zum Essen. Im Lapérouse traf man sich mit Geschäftsfreunden oder zum Tête-à-Tête, hier zeigte man sich, machte auf sich aufmerksam und schätzte die Möglichkeit, den Ort unbemerkt betreten und verlassen zu können. Der versteckte Ausgang in die Rue des Grands-Augustins, die abgeschirmten Salons und die Séparées, deren Türen sich von innen verschließen ließen, und eine auf den Stufen der Dienstbotentreppe angebrachte Klingel, die vor dem nahenden Personal warnte:

LAPÉROUSE
Die sich weit zum Quai des Grands-Augustins hin öffnende Originalfassade des Lapérouse mit den eleganten schmiedeeisernen Balkons ist aus dem 18. Jahrhundert (oben). Vom Saal im Erdgeschoss blickt man auf die Seine (gegenüber).

LAPÉROUSE
Im ersten Stock lebt die Dritte Republik wieder auf, was vor allem an den mit stilisierten Blüten und Blättern verzierten gläsernen Zwischenwänden deutlich wird.

Das Lapérouse war eines der Etablissements, wo sich die Gäste in aller Ruhe ihren Leidenschaften hingeben konnten – zumal eine Bestimmung im französischen Zivilgesetzbuch Restaurants als öffentliche Orte definierte, und damit unverheiratete Paare vor der Anklage des Ehebruchs schützte, vor allem wenn man sie auf frischer Tat ertappte. Das Lapérouse wird um 1840 gegründet. Freudenmädchen sieht man in den damals noch sehr nüchtern eingerichteten Salons nicht. Dort treffen sich vielmehr Geflügelhändler, die auf dem nahen Geflügelmarkt Vallée Hühner und Federwild verkaufen. Geschützt vor neugierigen Blicken, wickeln sie im Lapérouse ihre Geschäfte ab. Hier wird gezecht, so manche Rolle mit Goldmünzen wechselt ihren Besitzer, und man stößt auf zukünftige lukrative Geschäfte an. Jules Lapérouse kauft das Lokal im Jahre 1878, gerade als sich die Dritte Republik zu konsolidieren beginnt. Diesem engagierten Mann verdankt das Lapérouse die direkt auf die Wände geleimten Gemälde in den Salons, die Szenen eines imaginären 18. Jahrhunderts zeigen. Die Wände des Restaurants sind mit genarbtem Leder bespannt, das mit stilisierten Renaissanceblumen bemalt ist. Das Ganze erinnert ein wenig an eine Herberge aus den *Drei Musketieren* von Alexandre Dumas. Dieser eklektizistische Stil gefällt der gesellschaftlichen Oberschicht, und das Lapérouse wird zu einem beliebten Treffpunkt der Mitglieder des Senats, die hier mit ihren hübschen Geliebten feiern. Der Legende nach prüften Letztere die Echtheit der Diamanten, die sie von ihren Liebhabern erhalten hatten, indem sie Kratzer in die Spiegel ritzten. Mit der Übernahme der Küche durch den berühmten Koch Marius Topolinski im Jahr 1907, gerade als Marcel Proust seinen Swann an der Liebe zu Odette de Crécy leiden lässt, steigt auch das gastronomische Niveau des Hauses: Das Kalbskotelett Orloff und das Langustengratin Georgette machen den Küchenchef, aber auch die Gäste, nach denen die Gerichte benannt sind, unsterblich. Sein Sohn Roger Topolinski kauft das Haus 1923, als es gerade von den ersten Guides Michelin entdeckt wurde. »Topo«, wie der große, bärtige Mann genannt wurde, ist ein vollendeter und natürlich auch diskreter Gastgeber und hat ganz eigene Vorstellungen, wie ein Restaurant geführt werden muss. Bei ihm ist der Gast wichtiger als die Karte. Aga Khan, die Begum sowie der Herzog und die Herzogin von Windsor glaubten sich in diesem mondänen Haus vor schlechter Gesellschaft geschützt. Erst als 1969 die Nouvelle Cuisine eine völlig neue Küchenphilosophie mit sich brachte, verlor das Lapérouse seine Michelin-Sterne. Mit dem Weggang seines charismatischen Chefs versank das Restaurant in einen Erstarrungszustand, der bis heute andauert. Die verbliebenen Gäste sind Nostalgiker oder Menschen, für die Diskretion im Zeitalter der medialen

LAPÉROUSE
Das Lapérouse war berühmt für seine verschwiegenen kleinen Salons, wo man sich ungestört zu einem flüchtigen amourösen Abenteuer treffen konnte (gegenüber und oben).

LE RELAIS PLAZA

Das Relais Plaza ist eine authentische Brasserie aus den 1930er Jahren mitten im Pariser Modeviertel. Das Art-déco-Fresko von F. Saqui über der Bar zeigt Diana auf der Jagd (unten).

ALAIN DUCASSE

Alain Ducasse hat das Restaurant des Plaza Athénée zu einem der glanzvollsten Häuser in Paris gemacht. Vor kurzem wurde es von Patrick Jouin umgestaltet. Er hat dem überladenen Ambiente etwas mehr Leichtigkeit verliehen, zum Beispiel durch einen filigranen Lüster mit hunderten von Kristalltropfen (gegenüber).

Allgegenwärtigkeit nach wie vor wichtig ist. So zum Beispiel der frühere Staatspräsident François Mitterrand, der sich hier heimlich mit seiner Tochter Mazarine zum Mittagessen traf...

Lange Zeit war in den Luxushotels aufwändiger Service wichtiger als eine innovative Küche. Die Küchenchefs orientierten sich zwar an den Vorgaben Auguste Escoffiers, vermieden aber alle kulinarischen Experimente, die das internationale und ständig wechselnde Publikum der Hotelpaläste hätten abschrecken können. In Frankreich verkörperten vor allem das Ritz und das Meurice diesen Trend, mit der Konsequenz, dass ihre Küchenleistungen wenig erwähnenswert waren. In den 1930er Jahren wagte das Plaza Athénée das Abenteuer und eröffnete eine luxuriöse Brasserie, das Relais Plaza. Ganz im eleganten Stil der Zeit eingerichtet, erinnert es ein wenig an einen Salon auf dem legendären Passagierschiff Normandie. Das in der schicken Avenue Montaigne gelegene Etablissement wurde von der Pariser Gesellschaft, aber auch von den Musikern des nahen Théâtre des Champs-Élysées sehr geschätzt.

Die nüchternen Funktionsküchen der Luxushotels konnten jedoch nie überzeugen. Sie waren bestrebt, selbst den exzentrischsten Wünschen ihrer Gäste nachzukommen. Im George V wurde einem amerikanischen Gast sogar ein Hummer mit Schokoladensauce serviert! Zwei bedeutende Küchenchefs haben sich dieser negativen Entwicklung widersetzt und durch ihren Einfluss die großen Hotelrestaurants veranlasst, auch innovativen Köchen eine Chance zu geben. Zum einen war es der aus Südwestfrankreich stammende Christian Constant, der den gesichtslosen Küchen im Ritz und später im Crillon kulinarischen Glanz verlieh und auch den Roomservice deutlich verbesserte. Auf diese Weise beeinflusste er eine ganze Generation von jungen Pariser Küchenchefs, die in den 1990er Jahren auch in anderen Hotelpalästen der Hauptstadt *Néo-Bistros* mit karierten Tischdecken und schmackhafter bodenständiger Küche einrichteten (wie Yves Camdeborde im La Régalade und Thierry Breton im Chez Michel).

Der zweite Küchenchef, der den Ruf der Hotelrestaurants aufpolierte, war ohne Zweifel Alain Ducasse. Auf den Spuren von Auguste Escoffier übernahm er 1987 die Leitung des Louis XV im Hotel de Paris in Monte Carlo. Der Schüler von Alain Chapel und Roger Vergé wurde zum Vorreiter einer neuen Küchenphilosophie und erfand die mediterrane Küche auf revolutionäre Weise neu. Ducasse ging nach Paris, wo er sich Michelin-Sterne erkochte und die Leitung des Restaurants im Plaza Athénée übernahm, das er zu einer der besten Gourmetadressen der Stadt machte. Andere Luxushotels eiferten diesem Vorbild nach.

Das Meurice war anfangs Treffpunkt der in Paris lebenden Engländer. Gegründet wurde das Haus 1835 von Augustin Meurice, einem Postmeister aus Calais, dessen Postkutschenlinie nahe der Rue de Rivoli endete. Es war das erste Pariser Luxushotel im modernen Sinn. Um 1900 wurde es grundlegend renoviert und erhielt die Patina des Ancien Régime, die es sich bis heute bewahrt hat. Das Restaurant wirkt fast wie ein Ballsaal: Medaillonstühle, Kristallüster und Marmorkamine sowie eine mit Fresken à la Tiepolo bemalte Decke; die Wände schmücken Gemälde mit Liebesszenen und mythologischen Motiven; überall Stuckverzierungen und vergoldete Holzvertäfelungen sowie Säulen aus falschem Marmor. Bis in die 1940er Jahre konnte man auch noch auf der Dachterrasse des Hotels speisen. Den *Roof Garden* erreichte man über einen Aufzug, dessen Dekor an die Sänfte von Marie-Antoinette erinnerte. Stammgäste dieses ebenso pompösen wie kitschigen Luxustempels waren neben Marcel Proust und Salvador Dalí auch Florence Gould mit ihren Schriftstellerfreunden Marcel Jouhandeau, Paul Léautaud und Paul Morand. Während der Besatzung im Zweiten Weltkrieg war das Meurice Hauptquartier der deutschen Streitkräfte. Es dauerte lange, bis sich das Haus von diesem dunklen Kapitel erholt hatte, um schließlich glanzvoll wieder aufzuerstehen. Im Jahre 2003 übernahm der junge Yannick Alleno, der sich im Hotel Scribe bereits einen Namen gemacht hatte, die Küche und wurde auf Anhieb mit zwei Michelin-Sternen ausgezeichnet. Sein vielfältiger, gleichermaßen innovativer wie traditioneller Stil hat die Pariser Gastronomiekritik verblüfft. Dieser Küchenchef ist zum einen in der Lage, einen Klassiker wie den Lièvre à la Royale auf seine Weise meisterhaft neu zu interpretieren, indem er zwei an und für sich gegensätzliche Rezepte – das von Senator Couteaux und das von Carême – miteinander kombiniert. Auf der anderen Seite zieht er virtuos alle Register der zeitgenössischen Küche, wie sein Lachsrücken mit Kartoffelkruste und einer Creme aus Lauch und Kaviar beweist, ein Musterbeispiel für die leichte und bekömmliche Küche. Yannick Allenos kulinarische Offensive und sein Können brachten die Pariser Feinschmecker wieder ins Meurice zurück. Heute zieht die Treue der Stammkundschaft auch fremde Gäste an.

LE MEURICE
Wer nicht genauer hinschaut, wähnt sich im Zeitalter Ludwigs XV., doch die Marmorsäulen und die Kristallüster (gegenüber), die geteilten Spiegel und die kleine Sänfte im Eingangsbereich (unten) stammen aus der Belle Époque.

Im Gegensatz zum Meurice ist das Hôtel de Crillon ein Prachtbau längst vergangener Epochen. Das 1758 von Jacques-Ange Gabriel an der Place de la Concorde erbaute prunkvolle Palais mit seinen Arkaden diente anfangs als Gästehaus für ausländische Diplomaten auf der Durchreise, daher auch der Name seines Restaurants: Les Ambassadeurs. Später geht dieses Meisterwerk der Baukunst des 18. Jahrhunderts in den Besitz der Familie Crillon über. Die adligen Nachkommen eines Günstlings von Heinrich IV. müssen es während der Revolution verlassen, kehren aber später zurück und bewohnen das Palais bis 1907. Später wird es von der Société des Hôtels du Louvre

LES AMBASSADEURS
Das Ambassadeurs befindet sich im ehemaligen Ballsaal des Hotels Crillon, der sich mit den Wänden und Böden aus Marmor sowie den großen venezianischen Spiegeln seinen alten Glanz bewahrt hat.

LES AMBASSADEURS
Alles für den traditionellen Service: Dessertwagen, Champagnerkübel, Kristallgläser und Tafelsilber (gegenüber und oben).

übernommen. Diese eröffnet das Luxushotel Crillon mit dem Ziel, wie früher hochrangige Gäste Frankreichs angemessen zu empfangen. In der Tat steigen hier viele Staatsgäste des Außenministeriums ab, da das Crillon ganz in der Nähe des Élysée-Palastes liegt. Kristalllüster, Marmor und Spiegel fügen sich zu einem zeitlosen Gesamtkunstwerk zusammen, das gleichwohl mit Bedacht Zug um Zug modernisiert wird. Die champagnerfarbenen Vorhänge spielen mit dem Licht, das von der Place de la Concorde hereinfällt, und die in freundlichen Farben gehaltenen Sessel und Tische harmonieren perfekt mit den vielfältigen Marmorschattierungen. Abends erstrahlen die riesigen Kristalllüster in ganzer Pracht, wobei die dezenten Wandleuchten einen wohltuenden Kontrapunkt setzen. Jean-François Piège, der den Großteil der Küchenmannschaft aus dem Plaza Athénée mitgebracht hat, lässt sich vom Glanz der großen Vergangenheit des Hauses inspirieren und bietet eine meisterhafte Küche im zeitgenössischen Gewand. Einziges Manko: Der durchgestylte Service passt nicht so recht zum majestätischen Rahmen. Doch davon abgesehen sind Osietra-Kaviar, Langustinen in pikantem Sud, Bressehühner, Krebsfrikassee mit Morcheln und Zwiebeln oder auch der Vacherin mit zweierlei Erdbeeren und Basilikum Markenzeichen eines genialen Kochkünstlers, der sich seine ersten Meriten als rechte Hand von Alain Ducasse erworben hat. Wie das Meurice wurde auch das Crillon mit zwei Michelin-Sternen dekoriert. Diese Auszeichnung ist Beleg für die herausragende Leistung des noch jungen Küchenchefs, der schon heute ein Star am Pariser Gastrohimmel ist.

Nur einen Steinwurf vom Crillon entfernt, in der Rue Royale, steht eine Pariser Institution, das Maxim's. In einem ein wenig in Vergessenheit geratenen Chanson besingt Serge Gainsbourg die einzigartige Atmosphäre dieses Luxustempels: »Ah! Die Hand einer vornehmen Dame küssen, mir dabei die Lippen an ihren Diamanten zerbissen. Und später, im Jaguar, mit der englischen Zigarette ein Loch in ihren Leopardenfellmantel gebrannt, trockenen Gin und Pimm's Nr. 1 in der Hand und ab ins Maxim's! Ich bin

MAXIM'S
In den Jugendstil-Spiegeln sieht man die Glasdecke. Die Pâte-de-verre-Elemente tauchen dieses Sinnbild der »ville lumière« in ein diffuses Licht (gegenüber und oben).

wer – zehn Scheinchen für den Türsteher!« In diesem Chanson finden sich alle Facetten des Mythos Maxim's: der Türsteher in der feschen roten Uniform, Diamanten und englische Zigaretten, typisch für Pariser Snobs. Der Name des Etablissements stammt von seinem ersten Besitzer, Maxime Gaillard, der geglaubt hatte, es bringe Glück, seinen Vornamen in englischer Form zu verwenden. Das Maxim's ist zeitlos: Gainsbourg fährt nicht mehr in der Kutsche vor, sondern im Jaguar E. Zu allen Zeiten wusste man das Leben im Maxim's in vollen Zügen zu genießen. Doch der legendäre Mythos des Maxim's hat heute einiges an Exklusivität eingebüßt. Pierre Cardin hat den Namen des Nobeletablissements, einst Synonym für das pralle Leben der »Stadt des Lichts«, zu einem Markenzeichen für alle möglichen Konsumgüter gemacht. Maxim's ist nicht mehr nur der Name eines Restaurants. Heute ziert dieser Namenszug Teller, Champagnerflaschen, Schokoladentafeln, Zigarrenkisten und sogar Parfümflakons. Ein Restaurant Maxim's gibt es inzwischen auch in Monte Carlo, New York, Peking und Shanghai. Pierre Cardin ist zweifellos mehr als nur Restaurantbesitzer. Vielleicht bedurfte es einer Persönlichkeit mit seinem Unternehmergeist, um das Maxim's für die Herausforderungen der Zukunft zu wappnen.

Das Maxim's, das sind vor allem rauschende Feste im Stil der Zeit um 1900. Aus dieser Epoche stammen die Jugendstilfassade und die berühmte Omnibus-Bar, die früher die drei Säle miteinander verband. Sie befindet sich heute im ersten Stock. Auch das Interieur stammt aus dieser Zeit. Der Architekt Louis Marnez bevorzugte die luxuriöse Variante des Jugendstils. Er hatte eine Vorliebe für ausladende Voluten, üppige Pflanzenmotive, mit Kupferelementen verzierte Mahagonivertäfelungen und mit rotem Leder bezogene Sofas und Sessel, eine prunkvolle Ausstattung, die durch Spiegel ergänzt wird, in denen sich die Nymphengemälde von Martens und Souliés reflektieren. Bemerkenswert sind auch das halbdurchsichtige Seitenfenster, das nach dem Prinzip des Glaskünstlers Gallé aus übereinander liegenden Schichten geätzten Glases besteht, und das große Glasbild im Salon, auf dem ineinander verschlungene Äste eines Zitronenbaums zu sehen sind. Zu diesem Ambiente passen auch die illustren Gäste des Maxim's, die dem Etablissement zu seinem international einzigartigen Renommee verholfen haben. Aber nicht nur gekrönte Häupter, Schriftsteller und Künstler sind hier zu Gast. In der Zeit um 1900 sind es nicht zuletzt die *belles horizontales,* die man gerne sieht und mit denen man gesehen werden will. Ihre Namen klingen wie die von Prinzessinnen: Émilienne d´Alençon, Liane de Pougy, Caroline Otero. Sie regieren in der Pariser Halbwelt, und ihre Skandale machen ein Diner in der Rue Royale erst richtig pikant. So gesehen ist das Maxim's eher ein Theater als ein Restaurant und sein Besitzer, der ehemalige

Oberkellner Eugène Cornuché, eher Regisseur als Gastronom. Legendär ist die Rivalität zwischen der »schönen Otero« und Liane de Pougy. Eines Abends taucht die Otero im Maxim's auf, geschmückt mit sämtlichen Juwelen, die ihr der russische Großfürst Nikolaus geschenkt hat, für jeden siegreichen Feldzug einen. Sie stolziert aufreizend langsam an der Bar entlang, um ihre Souveränität zu demonstrieren. Doch die ganze Pracht ihrer Trophäen verblasst neben dem wahrhaft spektakulären Auftritt ihrer Rivalin. Liane de Pougy trägt ein schlichtes Kleid, das ihre Schönheit nur noch unterstreicht. Sie wird von ihrer Kammerzofe begleitet, die drei Schritte hinter ihr schreitet und sämtliche Preziosen ihrer Herrin zur Schau stellt und dabei aussieht wie ein geschmückter Weihnachtsbaum. Diese Dreistigkeit wird zum Triumph und sorgt auf der Gesellschaftsseite des *Figaro* für Furore, der über diesen zivilen Kriegsschauplatz berichtet. Aber auch andere tragen zur geradezu mythischen Aura des Maxim's bei. Zunächst einmal Monsieur Albert, der »Oberkellner der Prinzen und der Prinz der Oberkellner«. Von 1931 bis 1959 regelt er die Sitzordnung im Maxim's. Seine Ansichten haben in der Pariser Gesellschaft den gleichen Stellenwert wie der des Gotha für den Adel. Wie ein Empfangschef am Hof des Sonnenkönigs setzt er die einen in die hinteren Reihen, die anderen aber auf die besten Plätze. Die Grundlagen für die »Firma« Maxim's legten die Vaudables, eine Familiendynastie aus Vater Octave, Sohn Louis und dessen Frau. Pierre Cardin musste dem Ganzen nur noch seinen Stempel aufdrücken. Hat das Maxim's dadurch seine Seele verloren? Gewiss ist das Aushängeschild des mondänen Paris einer der beliebtesten Haltepunkte der Touristenbusse geworden. Doch Pierre Cardin organisiert hier wie eh und je private Feiern, bei denen sich alles tummelt, was Rang und Namen hat. Auch wenn es inzwischen zum Konsumartikel geworden ist, hat das Maxim's im Herzen der Hauptstadt nichts von seiner Faszination verloren.

Bleiben wir noch ein wenig in der Rue Royale. An der Ecke von Place de la Madeleine und Boulevard Malesherbes steht ein weiteres Schmuckstück im Jugendstil, wenngleich seine Fassade viel unauffälliger ist als die des Maxim's. Doch im Gegensatz zur Opulenz des berühmten Nachbarn herrscht im Lucas Carton zurückhaltende Eleganz. Auch heute noch ist dieses Haus eine der ersten Adressen für gute Küche in Paris. Grund dafür ist Alain Senderens, neben Michel Guérard sowie den Brüdern Troisgros einer der »drei Musketiere« der Nouvelle Cuisine. Senderens kommt in den 1970er Jahren nach Paris und übernimmt

MAXIM'S
Das Restaurant in der Rue Royale ähnelt dem Boudoir einer Kokotte – diskret und spektakulär zugleich. Die für Jugendstil-Jünger unverzichtbare Stiltreue ist hier Realität (oben). In der Bar im ersten Stock veranstaltet Pierre Cardin jeden Monat rauschende Feste (gegenüber).

LUCAS CARTON

Das Lucas Carton vor seiner Umgestaltung im Jahr 2005 durch Noé Duchanfour, den Designer des Sketch in London. Das ursprüngliche Dekor im diskreten Stil der Zeit um 1900 mag ansprechender sein als die postmodernen Veränderungen 100 Jahre später. Im Kern blieb das denkmalgeschützte Interieur zum Glück aber erhalten (oben und gegenüber).

zunächst das Archestrate, bevor er im Lucas Carton den angemessenen Rahmen für seine Kochkunst geboten bekommt. Als Meister seines Fachs versteht er es, beste Produkte zu leichten, harmonischen Gerichten auf höchstem Niveau zu verbinden. Erstklassige Weine sind dabei treffliche Begleiter. Diese Harmonie spiegelt sich auch in der Einrichtung des Restaurants wider. Bevor man das Haus durch die Drehtür betritt, sollte man einen Blick auf die von Étienne de Gounevitch gestaltete Fassade werfen. Im Haus selbst herrscht eine schlichte, unaufdringliche Eleganz. Man geht davon aus, dass das sinnlich wirkende Interieur unter dem Einfluss des damals sehr populären Elfenbeinschnitzers Louis Majorelle entstanden ist, eines der führenden Köpfe der Schule von Nancy. Die Innenarbeiten werden zwischen 1904 und 1905 von Künstlern wie dem Bildhauer Planel, Elfenbeinschnitzern der Firma Lucas & Cie. und dem Bronzierkünstler Galli ausgeführt. Zusammen schaffen sie ein kunstvolles Ensemble aus Ahornvertäfelungen mit Pflanzenmotiven, die durch das helle Holz besonders zart wirken, und bronzenen Wandleuchtern mit stilisierten Frauenköpfen. Die Köpfe werden von Blumenstängeln umrankt, die Glühlampen sitzen in den Blüten dreier Schwertlilien. Abgerundet wird das Ganze durch wertvolles Mobiliar wie die Wanduhr, die Kredenz, die Anrichte und die Kasse. Die Gemälde an den Wänden werden später durch Spiegel ersetzt, in denen sich das verspielte Interieur widerspiegelt.

1732 eröffnet der aus England stammende Robert Lucas in der Rue Boissy-d'Anglas die Taverne de Londres, aus der im 19. Jahrhundert erst die Taverne de Lucas und später die Taverne de France wird. Im Jahr 1925 übernimmt Francis Carton das Lokal. Der Präsident der Vereinigung Pariser Köche sowie des Weltkochverbandes (in dieser glorreichen Zeit sind die Mitglieder beider Vereinigungen nahezu identisch) ist früher Koch im Café Anglais und im Maison dorée gewesen. Er fügt dem früheren Namen des Lokals seinen eigenen hinzu und macht das Lucas Carton zu einem Spitzenrestaurant, das bis heute ein Garant für Küche auf höchstem Niveau ist. Die Gebrüder Goncourt sind Stammgäste, und Richard Wagner nimmt hier täglich sein Abendessen ein, als er in Paris ist, um seine *Meistersinger* zu komponieren. Die Geschäftsleute des Second Empire treffen sich in den kleinen Séparées in der ersten Etage, deren privater Eingang von der Passage de la Madeleine die für manche Verabredung gebotene Verschwiegenheit garantierte. Francis Carton gehört zu den Küchenchefs, die die Tradition der Grande Cuisine hochhalten. Seine Seezunge nach Art von Tante Marie, sein Hummergratin und seine flambierte Waldschnepfe verhelfen ihm zu höchsten Weihen im Guide Michelin (auf Drängen der Mitglieder des 1912 gegründeten Club des Cents – Industrielle, Politiker und Medienvertreter –, die im Lucas Carton Stammgäste sind und es

LUCAS CARTON
Auch im »neuen« Lucas Carton sind die Original-Holzvertäfelungen zu bewundern – sie wurden vom Gesetzgeber rechtzeitig unter Denkmalschutz gestellt.

sich zur Aufgabe gemacht haben, die »gute alte französische Küche« zu fördern) und begründen seinen Ruf als einer der renommiertesten Küchenchefs der Dritten Republik. Nach dem Krieg führen Francis Cartons Tochter und sein Schwiegersohn das Haus, können das hohe Niveau aber nicht halten. Erst als 1985 Alain Senderens die Küche übernimmt, bietet das Lucas Carton wieder all die gastronomische Pracht, die in Paris für ein Geschäftsessen obligatorisch ist. Um dem legendären Ruf des Hauses gerecht zu werden und die illustre Gästeschar zufrieden zu stellen, musste sich der »sanfte Revolutionär der Nouvelle Cuisine« kulinarisch neu orientieren. Eine Aufgabe, die er meisterhaft löst, wie zum Beispiel mit der Neuinterpretation eines antiken römischen Entenrezepts von Apicius aus dessen Rezeptsammlung *De re coquinaria*. Doch die wahre Meisterschaft von Alain Senderens zeigt sich in der perfekten Auswahl der passenden Weine (die auch offen ausgeschenkt werden) für jedes seiner Gerichte. 2005 entschied er sich, seine drei Michelin-Sterne zurückzugeben, um eine einfachere Küche zu annehmbaren Preisen anbieten zu können. Auch das neue Ambiente soll diese Verjüngungskur zum Ausdruck bringen. Jetzt ist es an den Pariser Feinschmeckern, ein Votum abzugeben...

»Oh, ich habe Lust auf Austern«, ruft Albertine, die große Liebe des Erzählers aus dem Roman *Auf der Suche nach der verlorenen Zeit,* als sie einen fliegenden Fischhändler hört, der seine frischen Austern anbietet. Bei Marcel Proust folgt danach der ebenso unerwartete wie aussagekräftige Satz: »Bei Prunier sind sie besser.« Das könnte ein Werbeslogan der damaligen Zeit sein. Das Restaurant Prunier entsteht 1872 aus der Begegnung zweier typischer Vertreter des späten 19. Jahrhunderts: eines Kellermeisters, der für die Auswahl und die Abfüllung der Weine zuständig war, und der Gouvernante eines vornehmen Hauses. Alfred Prunier stammt aus der Normandie, arbeitet in einem Bistro in der Rue Montholon und kennt sich bei Krustentieren ebenso gut aus wie beim Wein. Catherine Virion kommt aus Lothringen und

LUCAS CARTON
Der florale Stil des Jugendstils zeigt sich hier dezent und sinnlich: Blumen mit Frauenköpfen und gläserne Trennwände mit eingravierten Libellen beleben die Holzvertäfelungen mit den geheimnisvollen Arabesken (oben und gegenüber).

PRUNIER
Die Wandverkleidung des Salons im ersten Stock hat Jacques Grange im russischen Folklorestil gestaltet (oben). Die Gold- und Kupfertöne finden sich in den Metallschildern im Erdgeschoss wieder, die den Ablauf eines Abends bei Prunier beschreiben (gegenüber).

dient in der Hauptstadt erst dem Großrabbi von Paris und später im Haus der Prinzessin Dolgorouki. Sie ist eine fabelhafte Köchin, die auch gut mit Geld umgehen kann. Gemeinsam eröffnen sie ein Restaurant, ein erster Schritt zum gesellschaftlichen Aufstieg der Provinzler. Ihre erste Wirkungsstätte liegt in der Rue d'Antin, später ziehen sie in die Rue Duphot nahe der Madeleine. Dieser Standort ist es, den Proust in seinem Roman beschreibt. Das Restaurant gibt es heute noch, wenn auch unter dem Namen Goumard. Das Jugendstilambiente von Louis Majorelle hat schon bessere Tage gesehen, aber noch immer kann man die herrlichen Toiletten bewundern, deren Ausmaße, so heißt es, von General de Gaulle mit den Worten bedacht wurden, »sie seien auf seiner Höhe«. Schnell wird Prunier die erste Adresse für Krustentiere in ganz Paris, für Adlige des Faubourg Saint-Germain ebenso wie für englische Lords, amerikanische Millionäre oder russische Großfürsten. Das französisch-russische Bündnis von 1892 bringt in Paris den Kaviar in Mode. Émile Prunier, der Nachfolger der Gründer, modernisiert sein Unternehmen und lässt – nach dem Vorbild norwegischer Fischmärkte – Wasserbecken anlegen, aus denen die Fische lebend verkauft werden. Als 1906 eine Typhusepidemie ausbricht, die Gerüchten zufolge durch den Genuss von rohen Austern ausgelöst worden sei, sorgt Émile Prunier in seiner Eigenschaft als Vorsitzender des Austernzüchterverbands für die Einführung neuer Sauberkeitsstandards, die Qualität und unbedenkliche Genießbarkeit heimischer Austern garantieren sollen. Die bolschewistische Revolution führt zur Isolation Russlands. Émile Prunier hat sich zum Ziel gesetzt, selbst Kaviar zu produzieren und etabliert den Störfang in der Gironde. Der engagierte Unternehmer eröffnet 1924 ein neues, damals ultramodernes Etablissement in der Avenue Victor Hugo im 16. Arrondissement, das Prunier Traktir (das russische Wort für Bistro). Kurz nach der Eröffnung stirbt Prunier, doch sein Lebenswerk besteht weiter. Noch heute ist der Name Prunier die erste Adresse für »alles, was aus dem Meer kommt«.

Die Inneneinrichtung des Prunier stammt von Louis-Hippolyte Boileau (nicht zu verwechseln mit seinem Vater Louis-Charles Boileau, der gemeinsam mit Gustave Eiffel das Kaufhaus Bon Marché gebaut hat), einem vielseitigen Architekten, dem wir auch das Gebälk aus tropischen Hölzern aus Togo und Kamerun der Pavillons für die Kolonialausstellung von 1931 im Bois de Vincennes verdanken, die danach in einen buddhistischen Tempel verwandelt wurden. Auch der Entwurf des monumentalen Palais de Chaillot stammt von Louis-Hippolyte Boileau, allerdings in Kooperation mit Léon Azema und Jacques Carlu. Bekannt wird Boileau damals vor allem durch seine Inneneinrichtungen von Bars und Restaurants, mit denen zum ersten Mal der Art-déco-Stil in öffentlichen Räumen Einzug hält. Er richtet das Restaurant des Hotel Lutétia ein,

das Grand Café de Madrid oder auch das Restaurant des Kaufhauses Bon Marché. Sein Meisterstück ist und bleibt jedoch das Prunier, das unter seiner Regie von auserlesenen Künstlern und Kunsthandwerkern gestaltet wird. Dazu gehören der Maler Léon Carrière, der Glasgraveur Paul Binet, der Bildhauer Pierre Le Bourgeois, der Ledergraveur Alexei Brodowitz und Auguste Labouret. Dieser vor allem für die Ausgestaltung von Kirchen berühmte Pionier auf dem Gebiet der Glasmosaiken zeichnet für die wunderbare Fassade des Prunier verantwortlich, wo er das Thema Meer in Blau- und Grüntönen in Szene gesetzt hat, akzentuiert durch Bögen im Art-déco-Stil. Im Inneren des Hauses setzt sich das maritime Ambiente fort. Der schwarze Marmorboden ist mit weißen Rauten verziert, und geometrisch-abstrakte Wellen auf den Fensterscheiben verleihen der Einrichtung Leichtigkeit. Die golden gesprenkelten Wände schmücken Kreise, die an aufsteigende Blasen im Champagner erinnern sollen. Die verwendeten Materialien Onyx, Glas und Marmor verleihen diesen Intarsien etwas Orientalisches. Die von Pierre Le Bourgeois gestalteten Hinweisschilder aus Holz und vergoldetem Metall mit originellen Gravuren geometrischer Motive zeigen den Weg von der Bar zu den Tischen, die mit achteckigen Tellern eingedeckt sind. Das Geschirr wurde 1932 von dem Maler Mathurin Méheut entworfen und ist mit Fantasiemotiven aus der Bretagne bemalt. Bemerkenswert sind auch die funktionellen Details, die für das Wohlbefinden der Gäste sorgen sollen: der Heizstrahler im Treppenhaus, das natürliche Kühlsystem der Vitrine, in der die Meeresfrüchte präsentiert werden, und – als liebenswertes Detail – die Haken für die Handtaschen der Damen an der Bar. Pierre Bergé übernimmt 2001 das Haus (ebenso wie das Caviar House) und beauftragt Jacques Grange mit der Gestaltung des Salons im ersten Stock im russischen Folklorestil. Die mit Blattgold belegten Wände und Wandvertäfelungen schmücken maritime Sujets, die von Ivan Bilibines Illustrationen russischer Volksmärchen inspiriert sind. Als erste Adresse für Meeresfrüchte und Kaviar ist das Prunier eine luxuriöse Variante eines anderen Typus von Restaurant, der ebenfalls in Paris aus der Taufe gehoben wurde: der Brasserie.

PRUNIER

Die blaue Mosaikfassade mit der Eingangstür und dem Namenszug in Art-déco-Buchstaben lädt zu einer kulinarischen Reise zu Meeresfrüchten und Champagner ein (oben). Die elegante Treppe mit einem für die Epoche typischen Detail: der dezenten Beleuchtung unter dem Geländer (gegenüber).

Brasserien

»Bitte ein Bier«

LIPP
Eine Sitzbank aus geflochtener Weide auf der Terrasse des »literarischsten« aller Pariser Restaurants (vorhergehende Seite).

BOFINGER
Im großen Saal des Bofinger nahe der Bastille ist immer etwas los, in einem Quartier, das sich seinen volkstümlichen Charakter bewahrt hat (gegenüber und folgende Doppelseite).

In seinem *Wörterbuch der französischen Sprache* definierte Paul-Émile Littré 1877 die Brasserie als »einen Ort, an dem das Bier glasweise verkauft wird und nur Holzbänke und Holztische stehen«. Der große Lexikograph schrieb sein Werk jedoch bereits zu einer Zeit, als elsässische Flüchtlinge, die ihre Heimat wegen der Okkupation durch Deutschland verlassen mussten, in Paris »Brasserien« eröffnet hatten, die noch ganz andere Annehmlichkeiten boten, als die Definition vermuten lässt. Tatsächlich beginnt die Vorliebe der Franzosen für das Bier bereits vor ihrer vernichtenden Niederlage im Deutsch-Französischen Krieg. Die Eröffnung der Eisenbahnlinie zwischen Paris und Straßburg am 17. Juli 1851 durch Napoleon III. führt zu einer wahren Invasion unternehmungslustiger Elsässer. Sie etablieren in der Hauptstadt eine hier bislang unbekannte Art einer Kneipe, in der man auf die Schnelle ein Bier trinken und das elsässische Nationalgericht *choucroute* essen kann. Viele Künstler, wie Baudelaire, Corot oder Coubert, werden zu Stammgästen in diesen volkstümlichen und lauten Lokalen, in denen sich das ungeschminkte Gesicht der Stadt zeigt. Ebenfalls von Elsässern entwickelt wurde die Zapfanlage, die 1864 erstmals von Frédéric Bofinger in seiner gleichnamigen Brasserie in der Rue de la Bastille eingesetzt wird. Die neue Technik sorgt für stets frisch gezapftes Bier und macht den Gerstensaft endgültig zu einem beliebten Getränk der kleinen Leute. Das Bier wird damals von hübschen jungen Frauen ausgeschenkt, weswegen man die Bierlokale auch *brasseries à femmes* nennt. In manchen Etablissements wird sogar der Prostitution nachgegangen. Ansonsten ist die Brasserie jedoch ein Ort, an dem man in einer entspannten und toleranten Atmosphäre rauchen und die Zeitung lesen kann. Das ruft bereits nach kurzer Zeit die Vereinigungen zur Erhaltung von Ordnung und Moral auf den Plan. Edouard Manet, der 1875 mit einer Reihe von Bildern und Zeichnungen zum Thema Cafés und Brasserien einer breiten Öffentlichkeit bekannt wurde, hat darin die leichtlebige, ja fast erotische Atmosphäre dieser Orte, wo soziale Grenzen verschwimmen, trefflich eingefangen. Vor dieser Zeit hatte sich Bier als Volksgetränk nicht durchsetzen können. Im Jahre 1718 beklagt sich ein deutscher Reisender namens Nemeitz über das ungesunde Pariser Bier. »Der Hopfen«, schreibt er, »wird oftmals durch bittere Kräuter oder Rindergalle ersetzt.« Doch zum Ende des 19. Jahrhunderts setzt sich das Bier in der französischen Hauptstadt endgültig durch. In dieser Zeit werden die Weinberge von einer verheerenden Reblausepidemie heimgesucht, so dass es nur wenig Wein gibt, der entsprechend teuer ist. Hinzu kommt, dass man nach dem gerade verlorenen Krieg mit dem Biertrinken auf genussvolle Weise seine Verbundenheit mit dem Elsass zum Ausdruck bringen kann: In den Brasserien wird die nun

BOFINGER
Die Kunst verfolgt den Gast fast bis zur Toilette. Die Brasserien glänzten damals durch ihre Einrichtung. Den Gästen sollte etwas geboten werden für ihr Geld (unten und gegenüber).

zu Deutschland gehörende Region nicht vergessen. Auch die Obrigkeit schätzt das Bier wegen seines niedrigen Alkoholgehalts, der zu wesentlich geringeren Gesundheitsschäden führt als der Genuss von Absinth. In einem Land, in dem traditionell reichlich dem Alkohol zugesprochen wird, ist Bier im Vergleich zu Schnaps oder den diversen Absinthvarianten das kleinere Übel. Alles in allem sind die Brasserien in der damaligen Zeit zu einem festen Bestandteil im gesellschaftlichen Leben der französischen Metropole geworden – und so ist es bis heute.

Das Bofinger auf dem rechten Seine-Ufer im Quartier Faubourg-Saint-Antoine, ganz in der Nähe der Place de la Bastille, ist seit fast 150 Jahren ein Symbol für die politische Linke. Von hier aus sind am 14. Juli 1789 die aufgebrachten Massen zum Sturm auf die Bastille aufgebrochen. Auch heute noch sind die Place de la Bastille und das Quartier Roquette Zentren der Pariser Bohème. Die Werkstätten, in denen einst Möbel gefertigt wurden, sind heute Lofts für Künstler und die Schickeria. Das Bofinger ist unbestritten der Treffpunkt des Viertels. Die Brasserie verdankt ihre Popularität sicherlich auch den Bewohnern des Viertels, denn hier trifft man mehr echte Pariser als angeheiterte Touristen. Die Tradition des Bofinger als »linke« Brasserie begann mit Édouard Herriot, dem Führer der Radikalsozialistischen Partei und Bürgermeister von Lyon. Immer wenn er sich in Paris aufhielt, kam er ins Bofinger. Der von den USA und der UdSSR gleichermaßen geschätzte Politiker (in den 1930er Jahren traf er sich mit Stalin und mit Roosevelt) schätzte die volkstümliche Atmosphäre des Hauses und hielt hier seine politischen Versammlungen ab. Im Salon Nr. 9 im ersten Stock gründete Édouard Herriot das linke Parteienbündnis, das *Cartel des gauches,* das Frankreich von 1924 bis 1927 und von 1932 bis 1936 regierte. An der Einrichtung des Bofinger hat sich bis heute nichts verändert, und so fällt es nicht schwer, sich eine Gruppe spitzbärtiger Männer vorzustellen, die bei Bier und *choucroute* die Welt veränderten – zumindest theoretisch.

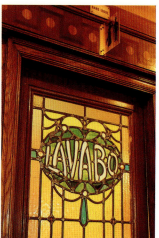

In dieser Zeit wurde Politik an der Bar der Nationalversammlung, vor allem aber auf den Sitzbänken des Bofinger gemacht. Nach dem Wahlsieg der vereinigten Linken im Jahre 1981 veranlassten François Mitterrand und sein Kultusminister Jack Lang, die Inneneinrichtung der Brasserielegende unter Denkmalschutz zu stellen. Seit seiner Eröffnung stehen das Bofinger und die Politik in enger Verbindung. Wie viele andere Brasserien auch lag das Lokal nicht weit von einem Bahnhof entfernt, der nicht mehr existierenden Gare de la Bastille. Heute befindet es sich in der Nähe der Gare de Lyon und der Gare d'Austerlitz, den Toren zum Südosten und Südwesten Frankreichs, ein idealer Treffpunkt also für die Abgeordne-

ten, die aus ihren Wahlbezirken zu den Parlamentssitzungen kommen, auch weil das einst eher bescheidene Lokal in der Rue de la Bastille Nr. 5 mit seiner legendären Zapfanlage stark vergrößert wurde. 1919 erwerben die Nachfolger Frédéric Bofingers, sein Schwiegersohn Albert Bruneau und dessen Partner Louis Barraud, die Nachbarhäuser Nr. 3 und Nr. 7 und beginnen umfangreiche Renovierungs- und Ausbaumaßnahmen. Aus dieser Zeit stammt auch die Inneneinrichtung, die bis heute erhalten geblieben ist. Sie ist typisch für eine Pariser Brasserie, eine Mischung aus Lederbänken im Stil der englischen Clubs, Thonet-Stühlen, holzvertäfelten Wänden und großen Rundbogenspiegeln – eine Reminiszenz an den Jugendstil, mit der die Belle Époque heraufbeschworen werden sollte, um das Desaster des Ersten Weltkriegs vergessen zu lassen. Den großen Saal überragt eine Kuppel mit Blumenmotiven. Die weiß eingedeckten Tische und die Keramikvasen mit floralem Muster verleihen diesem festlichen Rahmen die Atmosphäre eines Landgasthofs. Die Fassade schmückt ein 1930 vom elsässischen Zeichner Hansi gestaltetes Schild, das zwei Elsässerkinder in Tracht zeigt. Von Hansi stammt auch die Wandgestaltung der oberen Etage. In einem kindlichen Stil wird dort das Idealbild des Elsass heraufbeschworen. Heute ist das Bofinger ein Teil der Flo-Kette, der die meisten Pariser Brasserien gehören. Seine Spezialität sind frische Austern und das traditionelle Elsässer Sauerkraut. Die treuen Gäste schätzen die besondere Atmosphäre des sympathischen Hauses, zu der sie nicht zuletzt selbst wesentlich beitragen.

Es schien vorbestimmt zu sein, dass auch die 1880 in Saint-Germain-des-Prés von einem anderen Elsässer namens Léonard Lipp eröffnete Brasserie Lipp von Anfang an zu einem Zentrum des geistigen Lebens in Paris wurde. Etwa zur gleichen Zeit ließen sich nämlich die großen französischen Verlage wie Flammarion, Gallimard, Grasset, Mercure de France – um nur einige zu nennen – in Saint-

LIPP
Hinter der Fassade einer einfachen Brasserie verbirgt sich eine strenge Hierarchie: Im Lipp ist jeder Tisch Ausdruck für den Stellenwert der Gäste in der Pariser Gesellschaft (gegenüber).
Die Leuchtreklame mit Bierkrug und das Schild »Hunde füttern verboten« erinnern daran, dass das Lipp einst eine volkstümliche Brasserie war (oben).

LIPP

Der Platz an der Sonne im Lipp – hier sind die besten Plätze (oben). Jeder Kellner trägt eine Nummer; die Nummer eins steht dem ältesten zu (gegenüber).

Germain nieder. Die Nachbarschaft zu den Verlagshäusern machte die Brasserie Lipp sehr schnell zu einem beliebten Treffpunkt für Literaten, in deren Gefolge sich auch Politiker einfanden, die sich in Frankreich seit jeher auch zum Schriftsteller berufen fühlen. Paris als Zentrum Frankreichs und die Literaten als Nabel von Paris – da verwundert es nicht, in dem Roman *Der Wanderer durch Paris* von Léon-Paul Fargue über die Rolle des Lipp im 20. Jahrhundert zu lesen: »Mit großer Sicherheit ein Ort, vielleicht der einzige, wo man für ein kleines Bier gratis die tatsachengetreue und komplette Tageszusammenfassung des politischen und intellektuellen Lebens in Frankreich mit serviert bekommt.« Diese Zeilen stammen aus dem Jahr 1932, doch sie hatten so lange Gültigkeit, wie Saint-Germain-des-Prés das Zentrum des französischen Verlagswesens war. Die Gästeliste des Lipp liest sich wie ein Who's who der französischen Literaturgeschichte der Neuzeit. Die Berühmtheit des Einzelnen war daran abzulesen, welchen Platz er im Lipp zugewiesen bekam. Die festgelegte Rangordnung stammte von Marcellin Cazes, der das Lokal 1920 übernahm. Sie wurde von seinem Sohn Roger, der das Lipp bis 1987 führte, übernommen. Die Cazes hatten schnell erkannt, wie wichtig dieses Zeremoniell war, das in seiner Strenge an die höfischen Sitten des Sonnenkönigs Ludwig XIV. erinnerte. Als die Renovierungsarbeiten 1926 abgeschlossen waren, wurde im Lipp am 26. Dezember des Jahres ein großes Eröffnungsbankett abgehalten. Bei dieser Gelegenheit führte Marcellin Cazes die oben genannte Rangordnung ein, die 60 Jahre Bestand haben sollte. Nach dieser unumstößlichen Hierarchie setzte er die Fremden, die Touristen und die Allerweltsgäste in den ersten Stock. Die Bedeutung der anderen Gäste ließ sich daran ablesen, wie nahe sie an der Terrasse und vor allem wie nahe sie am Eingang sitzen durften. Unbedeutende Autoren landeten im hinteren Saal hinter der Kasse und gegenüber der Schwindel erregenden Treppe, über die man zu den Toiletten gelangt. Die wichtigen Persönlichkeiten hatten ein Recht auf einen Platz im vorderen Saal, dessen Wände mit Wandkacheln von Léon Fargue, dem Vater von Léon-Paul Fargue, verkleidet sind, die exotische Pflanzen und Papageien zeigen. Der beste Platz war der Tisch in der rechten Ecke gleich neben der Drehtür am Eingang des vorderen Saales, von wo aus man die Gäste begrüßen konnte, als sei man selbst Gastgeber. Dieser Ehrenplatz war nur den prominentesten Persönlichkeiten vorbehalten, und es war wie ein Prix Goncourt, hier sitzen zu dürfen. Die mit Freundlichkeit gepaarte Konsequenz Cazes' hat viel zum Renommee des Lipp beigetragen. Vater und Sohn haben ihre Rolle als »Hofmeister von Tout-Paris« mit aller Ernsthaftigkeit wahrgenommen. Wer einmal mit ihnen über die Zuweisung eines guten Tischs verhandelte, hat erfahren müssen, wie wichtig ihnen dieses Zeremoniell war. In den letzten

20 Jahren hat das Lipp ein wenig von seinem Glanz verloren. Die meisten der wichtigen Verlage haben Saint-Germain den Rücken gekehrt, viele Häuser wurden in schicke Eigentumswohnungen verwandelt. Doch die Stammgäste kommen auch heute noch, um die legendären Klassiker der Karte zu genießen: gekochtes Rindfleisch mit grobem Salz und Gemüse, Schellfischfilet mit weißer Butter und ein Chateaubriand mit Pommes frites, das unserer Meinung nach noch immer das Beste von ganz Paris ist. Ein Stück Nostalgie...

Die *bar anglais* ist typisch französisch. Sie spiegelt die Anglomanie wider, die die Pariser Gesellschaft seit dem 18. Jahrhundert periodisch immer wieder heimgesucht hat. In den achtziger Jahren des 19. Jahrhunderts erreicht diese Strömung trotz aller politischen Spannungen zwischen den beiden Kolonialmächten ihren Höhepunkt. Sie reicht von eleganter Herrenmode nach englischem Vorbild bis zur Einführung der *tea time*. Englische Bars schießen in dieser Zeit geradezu aus dem Boden. Eine der ersten war die Brasserie Gallopin, die 1878 ganz in der Nähe der Börse eröffnet wird. Die *Golden Boys* der damaligen Zeit werden schnell Stammgäste im Gallopin, später kommen Börsenmakler und Angestellte der Börse hinzu. Die auf die Außenseite der Gläser geätzten Begriffe »American Drinks« und »Luncheon Bar« sowie die in goldenen Lettern über dem Eingang prangende Beschriftung »Stock Exchange Luncheon Bar« lassen keinen Zweifel am Stil des Hauses. Gustave Gallopin, mit einer Erbin der reichen Handelsdynastie Wyborn verheiratet, bringt in seinem Lokal die Cocktails in Mode und serviert das Bier in silbernen Humpen, die später nach ihm benannt werden, eine Tradition, die im Gallopin bis heute erhalten geblieben ist. In einer mit Wasser und Eiswürfeln gefüllten Zinkwanne wartet eine Batterie Champagnerflaschen darauf, zu Ehren eines gelungenen Börsencoups geköpft zu werden. Die Inneneinrichtung stammt aus dem Jahre 1886, wie die Jahreszahl an der Decke verrät. Die großzügige Bar und die Holzvertäfelungen im viktorianischen Stil sind aus kostbarem kubanischem Mahagoniholz und wurden direkt aus London importiert. Die kupfernen Lampen mit tulpenförmigen Glasschirmen stammen zwar von Pariser Kunsthandwerkern, unterstützen aber gleichwohl die britische Atmosphäre des Ensembles. Im Jahr 1900 lässt Gustave Gallopin die Rückwand des Saales durch eine große Wand aus Opalglas ersetzen, in die Emailelemente in Form von Blüten und Zweigen eingelassen sind und deren Jugendstilmotive durch die raffinierte

GALLOPIN
In den Gängen der »bar anglais« tauschten die Börsenmakler ihre Tipps aus. Das Gallopin war bis in die 1990er Jahre ihr Treffpunkt, dann stellte die Pariser Börse auf Computer um (gegenüber).
Der hintere Saal mit seinen schönen Glasfenstern (unten).
In die Glasscheiben ist ein »G« eingeätzt, das für den Namen des Eigentümers steht (folgende Doppelseite).

Anordnung der Spiegel ins Unendliche gebrochen werden. Im Sommer wird die Glaswand zur Seite geschoben und gibt die Sicht auf den dahinter liegenden kleinen Garten frei. Heute gehört die Brasserie der Familie Alexandre, den ehemaligen Besitzern des Bofinger und des Lapérouse. Auch wenn die Börse das Palais Brongniart längst verlassen hat, halten viele Geschäftsleute dem Gallopin nach wie vor die Treue. Sie schätzen die traditionellen Gerichte wie die Meeresfrüchteplatte, die Kuttelwürstchen aus Troyes oder das Chateaubriand mit frischen grünen Bohnen. Vor allem aber lieben sie das bis heute unverändert gebliebene Dekor, das daran erinnert, dass auch »ihr« Paris einmal eine Börsenmetropole war.

MOLLARD
Die Mosaiken verleihen dem Mollard die Anmutung einer byzantinischen Basilika – die allerdings dem Vergnügen gewidmet ist (gegenüber und oben).

Gegenüber der Gare Saint-Lazare liegt die Brasserie Mollard. Sie ist weit weniger romantisch als das Lipp, lohnt aber trotzdem einen Umweg, denn sie ist die Letzte der großen alten Pariser Brasserien, die nicht zur Flo-Gruppe gehört. Außerdem glänzt sie mit einer unverfälschten Jugendstileinrichtung, einer der schönsten in Paris. Das Mollard ist bis heute geblieben, was es immer gewesen ist: Es will dem eiligen Reisenden eine schnelle Mahlzeit anbieten, bevor er den Zug besteigt. Es waren dieses Mal aber keine Elsässer, die 1865 das Lokal eröffnet haben, sondern das Ehepaar Mollard aus Savoyen. Das wird von der elsässischen Gemeinde in Paris gar nicht gern gesehen. Zum Ausdruck kommt diese Feindseligkeit durch die fast zeitgleiche Eröffnung der Brasserie von Jacqueminot Graff, nur zwei Häuser vom Mollard entfernt. Sie hieß damals Au roi de la bière und besteht bis heute. Die Giebelfassade aus Ziegelsteinen und Fachwerk, die mit Schnitzereien versehenen Tische mit Bierhumpen, ein Storch in seinem Nest und der sagenumwobene Held Gambrinus, der der Legende nach durch einen Pakt mit dem Teufel das Bier erfunden haben soll: das Musterbeispiel eines Elsässer Hauses voller Nippes und Kitsch, so wie es sich die Pariser damals vorstellten. Die

MOLLARD

Das Kachelbild mit den Störchen ist weniger elsässisch als japanisch und entspricht dem Stil um 1900.

LE TRAIN BLEU

In der damaligen Zeit ähnelten die Restaurants Kathedralen. Das Train Bleu in der Gare de Lyon erinnert auf seine Art an die Sakristei im Petersdom in Rom: Gold, Stuck, große Gemälde an Decke und Wänden. Der Gast wurde wie ein Monsignore behandelt (oben, gegenüber und folgende Doppelseite).

Mollards hingegen lassen ihre Brasserie 1895 grundlegend renovieren und engagieren dafür eigens Enrico Bichi, einen Mosaikkünstler aus Italien. Die Arbeiten leitet Édouard Niermans, ein Jugendstilarchitekt, der später durch die Gestaltung des Teesalons im Hotel Rumpelmeyer (das heutige Angelina in der Rue de Rivoli) und des Hotel Negresco in Nizza bekannt werden sollte. Werkstätten aus Sarreguemines fertigen die Keramikbilder an, auf denen Motive aus den von der Gare Saint-Lazare aus regelmäßig angefahrenen Orten Deauville, Saint-Germain-en-Laye und Ville d'Avray, aber auch Motive aus dem Bahnhof selbst zu sehen sind. Natürlich darf auch die unvermeidliche Allegorie auf die verlorenen Provinzen Elsass und Lothringen nicht fehlen. Ins Auge sticht das heitere Bild eines Tête-à-tête in einem Brasseriesalon, das zeigt, dass die Atmosphäre in diesen Lokalen auch durchaus erotisch sein konnte. Das gesamte Dekor war unter Übermalungen und hinter großen Spiegeln lange Zeit verborgen, bis es 1965 zur großen Überraschung aller freigelegt wurde. Die neuen Besitzer beschlossen, es restaurieren zu lassen. Heute trägt es wesentlich zur lockeren Atmosphäre bei, die das Mollard so liebenswert macht. Zur Mittagszeit wird die Brasserie vor allem von Angestellten des nahen Büroviertels und abends von Gästen auf der Durchreise oder von Stammgästen besucht. Im Mollard wird typische Brasserieküche serviert. Besonders hervorzuheben sind die erstklassigen Meeresfrüchte, vor allem die Krustentiere, die aus eigenen Salzwasserteichen kommen. Seit 1989 steht die Brasserie Mollard unter Denkmalschutz.

Natürlich ist der Aufstieg der Pariser Brasserien eng mit der Eisenbahn verbunden. Als Krönung dieser Allianz kann die Einweihung des Restaurants in der Gare de Lyon angesehen werden. Anlässlich der Weltausstellung wird am 7. April 1901 das Train Bleu von Staatspräsident Émile Loubet feierlich eröffnet, ein glanzvoller Höhepunkt nicht nur wegen der illustren Gäste, sondern vor allem wegen der

LA COUPOLE
*Die Austernvitrine (oben).
Im riesigen, stets gut besuchten Speisesaal des Coupole bietet man Künstlern aus dem Viertel gerne die Möglichkeit, ihre Werke auszustellen (gegenüber).*

unvorstellbar luxuriösen Inneneinrichtung. Die Eisenbahngesellschaft Paris-Lyon-Marseille wollte diesen »Ort für Durchgangsreisende« zu einer »Kathedrale des Fortschritts« machen, wo dem damals modernsten Verkehrsmittel gebührend gehuldigt werden konnte. Das ist auf das Beste gelungen. Wenn man das Train Bleu durch die Drehtür auf der Gleisseite betritt, wird man von der Üppigkeit der goldfunkelnden Stuckornamente, die Wände und Decken schmücken, schier überwältigt. Beeindruckend sind auch die Ausmaße der Decke des großen Saales (24 Meter lang und elf Meter breit), die von zwei prächtigen Kronleuchtern aus Kristall beherrscht wird, und die großen Bogenfenster, durch die man auf die Straße sehen kann. Das glanzvolle Ambiente wird durch die Wandmalereien noch unterstrichen. Sie zeigen Landschaftsmotive aus den Alpen, aus Südfrankreich, Algerien und Tunesien sowie Ansichten der drei wichtigsten Städte des Netzes der Eisenbahngesellschaft: Paris, Lyon und Marseille. Rechts vom großen Saal gibt es einen zweiten Speiseraum, den Goldenen Saal, kaum weniger groß und ebenso üppig ausgestaltet. Auf der linken Seite befinden sich zwei kleinere Säle – der eine Tunesien, der andere Algerien gewidmet –, deren Decken und Wände mit orientalisch anmutenden Rankenornamenten geschmückt sind. Die Kritiker machten sich damals über das üppige Dekor lustig und verglichen es mit dem jährlich stattfindenden »Salon der Landschaftsmaler«. Selbst wenn man den fraglos klassizistischen Stil nicht schätzt, lassen die räumlichen Ausmaße und der imposante Gesamteindruck den Betrachter nicht unbeeindruckt. Dreißig Maler mit den Aushängeschildern Guillaume Dubuffe und Gaston Casimir Saint-Pierre an der Spitze sowie Bildhauer, Stuckateure und Vergolder trugen zu diesem Gesamtkunstwerk bei, das mit einer Verbeugung vor der Reiselust der damaligen Zeit den strotzenden Optimismus der Belle Époque versinnbildlicht. Ohne die Qualität der Küche schmälern zu wollen, muss man allerdings sagen, dass sie nie das Niveau der Inneneinrichtung erreichen konnte. Aber kommt man wirklich zum Essen in das Train Bleu? 1972 wurde die vom Abriss bedrohte Brasserie vom damaligen Kulturminister André Malraux unter Denkmalschutz gestellt. Das hatte als Nebeneffekt zur Folge, dass zur großen Freude der Reisenden die Freskengemälde restauriert und gereinigt wurden.

Für die Besitzer des Café Dôme, René Layon und Ernest Fraux, ist die Nähe zur Gare Montparnasse von Bedeutung, als sie sich 1927 dazu entschließen, das Holz- und Kohlenlager gegenüber ihrem Café zu kaufen. In dieser tausend Quadratmeter großen Lagerhalle wollen die beiden Kompagnons die größte Brasserie von Paris eröffnen, das La Coupole. In den »wilden Zwanzigern« ist

 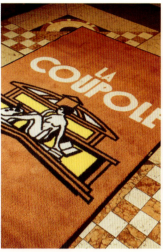 

das Montparnasse-Viertel das Herz des gesellschaftlichen Lebens der Hauptstadt, was die Dimension des Lokals durchaus rechtfertigt. Am Carrefour Vavin mit seiner geheimnisumwitterten Balzac-Statue von Rodin treffen sich all die, für die Paris ein einziges Fest ist. Hier ist das Zentrum des Surrealismus und der *lost generation,* der ersten Amerikaner im selbstgewählten Pariser Exil, von Ernest Hemingway bis Ezra Pound, von Anaïs Nin bis Henry Miller. Hier tummeln sich schöne, junge Frauen im Überfluss, Malermodelle wie Kiki de Montparnasse oder Dichtermusen wie Youki Desnos und Gala Éluard, die spätere Ehefrau Salvador Dalís. Die Crème de la Crème der Avantgardeliteratur wie Aragon, Antonin Artaud, André Breton, Jean Cocteau oder René Daumal pflegt das immer während Ritual von Streit und Versöhnung: Der Montparnasse steckt voller Energie und Lebensfreude, und das La Coupole stimuliert diese Vitalität, denn es bietet den Künstlern eine Plattform.

LA COUPOLE
Das Coupole ist ein Art-déco-Schmuckstück im Montparnasse-Stil, eine Ikone des Zeitgeistes der 1920er Jahre (gegenüber und oben).

Das La Coupole ist nicht nur Brasserie, sondern auch Café; im Untergeschoss befindet sich sogar ein Tanzlokal. Bei der Eröffnung sorgten über 400 Angestellte für das Wohl der Gäste. Wegen seiner Dimensionen und der Angebotsvielfalt ist das La Coupole Vorreiter einer neuen Generation von Brasserien, bei denen die Verbindung zu Elsass, Bier und Eisenbahn keine Rolle mehr spielt und die durch und durch »pariserisch« sind. Die Decke des riesigen Saales des La Coupole wird durch 32 Pfeiler gestützt. Die Besitzer ließen die Pfeiler von Künstlern des Viertels ausgestalten wie Fernand Léger, Marie Vassilieff von der Académie Russe oder auch Mojzesz Kisling, einem der Aufsehen erregendsten Vertreter der École de Paris. Heute ist es nicht mehr möglich, die einzelnen Pfeiler einem bestimmten Künstler zuzuordnen. Man spürt aber bei jedem die sprühende Lebensfreude, die damals in Montparnasse herrschte und die sich bis heute erhalten hat. Denn das La Coupole und der Montparnasse sind nach wie vor Anziehungspunkte für Künstler und Intellektuelle. Exemplarisch ist die berühmte Bande de La Coupole zu nennen, die aus Sängern und Schauspielern wie Pierre Clementi, Jacques Higelin und Bulle Ogier bestand und in den 1960er Jahren für Aufsehen sorgte. Das La Coupole ist ohne Zweifel ein Teil des Mythos Paris. Unbeschadet von der Übernahme durch die Flo-Gruppe im Jahr 1988 und der damit einhergehenden Standardisierung der Küche, bleibt das La Coupole für Liebhaber rauschender Feste in großzügigem Ambiente *der* Treffpunkt in Paris.

Bistros

Volkstümliche Kneipen und einfache Gerichte

BARATIN
Ein Tisch und ein Stuhl, die aus einem Van-Gogh-Gemälde stammen könnten – zu finden im Baratin im Belleville von heute (vorhergehende Doppelseite).

AU PETIT RICHE
Die Bar am Eingang ist seit 1880 unverändert geblieben. Damals wurde aus der Kutscherabsteige im Opéra-Viertel ein bürgerliches Restaurant (gegenüber).

Bouillons und Bistros – schon immer hat man in Paris gerne Hausmannskost gegessen und das nicht nur wegen der günstigen Preise. Herzhafte Gerichte vom Rind und Wintergemüse standen schon immer auch in Feinschmeckerlokalen auf der Karte. Die anspruchsvollen Gäste schätzten diese Gerichte wegen ihres intensiven und unverfälschten Geschmacks. Im Jahr 1742 veröffentlichte Menon, ein heute in Vergessenheit geratener Küchenchef am Hof Ludwigs XV., ein Kochbuch mit dem Titel *La Cuisinière bourgeoise*. Mehr als ein Jahrhundert lang war es das Standardwerk für die Küche und gilt als erste Rezeptsammlung der modernen Hausmannskost. Der Aufstieg der Bistros verläuft zeitlich parallel zum Aufkommen der Restaurants, man könnte sie fast als ihre volkstümliche Variante bezeichnen. Das soll jedoch nicht heißen, dass ihr Publikum nur aus einfachen Leuten bestand. Ihre Blütezeit erleben die Bistros in der großen Zeit der Pariser Gastronomie gegen Ende des 19. Jahrhunderts. Damals entsteht auch die Bezeichnung »Bistro« (auch »Bistrot« geschrieben), die nichts – wie oft kolportiert – mit *bystro*, dem russischen Wort für »schnell«, zu tun hat. Mit dem legendären Durst der Kosaken, die während der russischen Besatzung im Jahre 1814 die Wirte mit ihren Säbeln bedroht haben, um schneller bedient zu werden, besteht also kein Zusammenhang. Heute weiß man, dass das Wort von *bistouille* (schlechter Wein) abgeleitet ist. Das entspricht dem ursprünglichen Sinn von Bistro als einem »Ort, an dem schlechter Wein ausgeschenkt wird«. Erst viele Jahre später, als in den 1980er Jahren die Hausmannskost wieder in Mode kam, wird im Französischen auch ein Restaurant als Bistro bezeichnet.

Das Petit Riche im Quartier Opéra ist ein typisches Beispiel für ein Bistro ursprünglicher Prägung. Als unter Baron Haussmann 1854 die Stadtlandschaft von Paris grundlegend umgestaltet wird, entsteht ganz in der Nähe auch die von Napoleon III. in Auftrag gegebene und von Garnier konzipierte Oper. Es ist die Glanzzeit der großen Pariser Boulevards. Die vornehme Gesellschaft, die Halbwelt, Politiker, Journalisten und Schauspieler strömen ins Café Riche, dem Maxim's der damaligen Zeit. Doch auch die kleinen Leute, die Kutscher, Bühnenarbeiter und Angestellten der nahen Theater, suchen einen Platz, um sich stärken zu können. Das Petit Riche, wie sich das Lokal in ironischer Anlehnung an seinen berühmten Nachbarn nennt, bietet ihnen ein zwar einfaches, aber nahrhaftes Essen. Der damalige Besitzer Monsieur Besnard stammt aus der Touraine. Er hat Weine aus dem Loire-Tal, aus Vouvray und Bourgueil im Keller, treffliche Begleiter

AU PETIT RICHE
Bistrostühle und kupferne Garderoben, Kugellampen aus Opalglas und Mosaikboden – so sah ein bürgerliches Bistro zu Beginn des 20. Jahrhunderts aus.

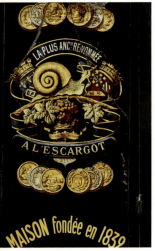

L'ESCARGOT MONTORGUEIL

Die Schnecke ist in diesem Bistro in der Rue Montorgueil im Quartier des Halles allgegenwärtig: auf den Schautafeln der Fassade (oben), den Vorhängen und natürlich auf den Tellern. Auch die Wendeltreppe des einstigen Escargot d'or ist auf ihre Art Sinnbild für dieses Tier (folgende Doppelseite).

zu den typischen Gerichten seiner Heimat wie Grieben, Linsensalat, Zanderfilet und Geflügel, die bis heute Spezialitäten des Hauses sind. Das verheerende Feuer in der Rue de Pelletier zerstört 1873 auch die kleine Kneipe. Eine Katastrophe! Sie gibt Monsieur Besnard aber die Gelegenheit zur Umgestaltung des Petit Riche, das dadurch auch für ein anspruchsvolles Publikum interessant wird. Die um 1880 entstandene Inneneinrichtung ist in den vorderen vier Sälen bis heute erhalten geblieben. Die Kassettendecken aus Holz sind mit Blumenmotiven im Trompe-l'œil-Stil bemalt und mit einem Fries aus geschnitzten Früchten und Gemüsen eingefasst. Die Wände schmücken große Spiegel, die mit feinen Gravuren verziert sind, die gefüllte Fruchtschalen und Füllhörner darstellen. Heute ist das Petit Riche Anlaufpunkt für Interessenten der Auktionen im nahen Hôtel Drouot. Aber auch zahlreiche Gäste aus dem Theatermilieu sind diesem etwas verstaubten, aber charmanten Ort treu geblieben.

Das Escargot Montorgueil liegt in der Nähe der alten Markthallen. Schnecken sind ein Pariser Traditionsgericht. Das erste Kochbuch des Mittelalters, der *Ménagier de Paris,* liefert hierzu ein originelles Rezept, in dem allerdings empfohlen wird, bei den Schnecken den Schwanz zu entfernen, denn darin sei »ihr Kot«. Schon Plinius der Ältere empfahl den Genuss von Schnecken wegen ihrer Magenfreundlichkeit. Was den Geschmack angeht, sind sich alle Gastronomen einig: Es kommt auf die Sauce an. Wirklich populär wurden Schneckengerichte wahrscheinlich erst im 19. Jahrhundert. Dafür spricht auch die Tatsache, dass 1875 in der Straße, in der sich der Pariser Austernmarkt befindet, ein Lokal mit dem Namen Vins, escargots et restaurant eröffnet wird. Diese Nachbarschaft veranlasst den Gastrokritiker Jean-Claude Ribaut zu der Annahme, Schnecken seien »die Austern der Armen«. Voltaire preist in seinen Briefen diese Tiere als Aphrodisiakum: Dieser Hermaphrodit sei im Stande, »sich drei bis vier Stunden in Folge zu vergnügen«.

CHARTIER
Seit 1898 ist die Einrichtung unverändert geblieben, bis hin zu den rot-weißen Tischdecken und der Uniform der Kellner. Und die Uhr vor dem Spiegel erinnert alle daran, dass die Mittagspause nur eine Stunde dauert (oben und gegenüber).

Das 1832 eröffnete Escargot d'or war zunächst eine Weinhandlung, in der auch Schnecken angeboten wurden. Keine schlechte Kombination, denn die Petersiliensauce zu den Schnecken machte durstig. Die Frontseite des Lokals aus grün gestrichenem Holz mit vergoldeten geometrischen Ornamenten stammt noch aus der Gründerzeit. Um 1900 wurde das Haus renoviert. Damals wurde auch die große Markise angebracht. Dieser ganze Stolz des Lokals ist mit einer riesigen goldenen Schnecke geschmückt und mit einem schmiedeeisernen Fries eingefasst, den stilisierte kleine Schnecken zieren. Ebenfalls aus dieser Zeit stammen die in den ersten Stock führende Wendeltreppe, die Glasschilder mit den errungenen Auszeichnungen am Eingang und die Fensterscheiben, auf denen Schalen voller Schnecken und Füllhörner voller Austern und Schalentiere eingraviert sind. Im Jahr 1919 übernahm André Terrail, der Besitzer des Tour d'Argent, die Leitung und machte aus dem L'Escargot d'or ein echtes Gourmetlokal, in dem die Unterzeichnung des Versailler Vertrags gefeiert wurde. Sichtbares Zeichen der gesellschaftlichen Aufwertung ist auch ein Bild aus Sarah Bernhardts Esszimmer, das 1925 an der Decke des vorderen Saals angebracht wurde. Die in der Folgezeit durch eine verfehlte Stadtplanung eingetretene Verödung des einst blühenden Pariser Viertels machte auch vor dem Escargot d'or nicht Halt. Heute erstrahlt das Quartier wieder in neuem Glanz, und auch das Escargot d'or reckt seine Hörner wieder stolz in Richtung Fußgängerzone. Das Traditionshaus ist Treffpunkt für all jene, die sich von der unvermeidlichen Knoblauchfahne den Genuss von Schnecken in Knoblauchcreme nicht vermiesen lassen.

Kurz vor Ausbruch des Deutsch-Französischen Kriegs eröffnet 1870 ein Metzger namens Duval das erste »Bouillon«, ein einfaches Speiselokal, in dem ausschließlich Suppe angeboten wird. In der Suppe landen die Fleischreste aus Duvals Metzgerei, mit denen er auf diese Weise noch Geld verdient. Seine Idee hat Erfolg, und er eröffnet weitere Bouillons, eine regelrechte Suppenküchen-Kette entsteht. Georges Duroy, der *Bel ami* aus Guy de Maupassants gleichnamigem Roman, ist zu Beginn seiner journalistischen Karriere, als er nur noch »sechs Francs fünfzig in der Tasche hat«, Stammgast in den Pariser Suppenküchen. Ihr Angebot ist einfach, aber nicht ohne Charme, wie es der in Vergessenheit geratene Dramatiker Albert Glatigny beschreibt:

Du hockst in der Ecke von einem miesen Lokal,
ach, wie schön wären jetzt Suppe mit zähem Kaninchen
oder Rindfleisch mit Karotten bei Bouillon Duval.

In der Académie de Billard am Place Clichy ist heute noch eine Original-Suppenküche aus den 1930er Jahren zu finden, aus einer Zeit, als die Bouillons Bedürftigen eine sättigende Mahlzeit zu einem günstigen Preis boten. Duvals Idee findet schnell Nachahmer wie die Brüder Camille und Édouard Chartier, die in ihren Suppenküchen allerdings auch Wert auf eine angenehme Atmosphäre legen. Viele der heute noch bestehenden Bouillons, die sich durch ein ansprechendes Ambiente auszeichnen, wurden von den Chartier-Brüdern gegründet oder übernommen, wie das Bouillon Racine im Quartier Latin, das Bistro im Gare Montparnasse oder auch das Vagenende in Saint-Germain. Ihr Flaggschiff jedoch ist das Bouillon Chartier in der Rue du Faubourg-Montmartre. Das 1898 eröffnete Lokal ist ein beliebter Treffpunkt für Künstler sowie für Arbeiter und Angestellte der umliegenden Geschäfte. Die meisten sind Stammgäste, wie die berühmten nummerierten kleinen Schubladen im ersten Saal zeigen, in denen sie ihr persönliches Besteck aufbewahren. Der zweite Saal wird von einer den ganzen Raum überspannenden Glasdecke erhellt. Ihn durchschneiden zwei hüfthohe Holzwände, die von jeweils fünf Garderobenständern überragt werden. In den großen Wandspiegeln lassen sich gut die geschäftigen Kellner beobachten. An der breiten verspiegelten Rückwand hängt eine Uhr, die die Gäste daran erinnern soll, wie schnell die Zeit vergeht und dass sie bald wieder an ihren Arbeitsplatz zurückkehren müssen. Die niedrigen Preise – die meisten Hauptgerichte sind für unter zehn Euro zu haben – machen den hohen Geräuschpegel wieder wett.

Das Polidor gehört zu einem anderen Typ von Bouillons, die gegen Ende des 19. Jahrhunderts als »Milchrestaurants« bekannt waren. Anfangs werden hier morgens Milch, Eier und Käse an die hauptsächlich weibliche Kundschaft verkauft. Doch nach und nach werden auch immer mehr Gerichte angeboten. Lange Zeit ist das Polidor vor allem für seine Eierspeisen bekannt. Der Schriftsteller Maurice Barrès erzählt 1883 in seinem Buch *Reise nach Sparta* von seiner Begegnung mit Louis Ménard, dem Erfinder der modernen Phonetik, der die »günstigen Eiergerichte« des Polidor lobt. Jean Paris berichtet in seiner James-Joyce-Biografie von den Pilgerfahrten des irischen Schriftstellers ins Quartier Latin, »auf der Suche nach dem Omelette Polidor«. Ein weiteres Markenzeichen dieses zurückhaltend eingerichteten Lokals ist die geradezu magische Anziehung, die es seit jeher auf mittellose Schriftsteller der Rive Gauche ausübt. Der Dichter Germain Nouveau, ein Zeitgenosse Stéphane Mallarmés, feiert das Polidor als einen Ort, wo man »für wenig Geld herrlich satt werden kann«. Gäste waren auch der Dichter Paul Verlaine, der hier seinen Absinth getrunken hat, und der Schriftsteller Paul Léauteud, der während der deutschen Besatzung im Polidor abgestiegen ist. 1948 wird das Bistro zum Versammlungsort des Collège de Pataphysique,

LE POLIDOR
Die Tageskarte auf die Spiegel geschrieben, Papiertischdecken, »Crémerie« in goldenen Lettern über dem Eingang: Das Polidor sieht sich in der Tradition des familiären Bistros (gegenüber, unten und folgende Doppelseite).

in dem Raymond Queneau junge experimentelle Schriftsteller Nachkriegsfrankreichs um sich sammelt: Eugène Ionesco, Boris Vian, Jacques Prévert und später Julio Cortázar. Noch heute treffen sich die Mitglieder des Collège im Polidor. Das Polidor hat es wie kein anderes Bistro seiner Zeit verstanden, einerseits die etablierte Kundschaft an sich zu binden, andererseits aber auch zeitgenössische Schriftsteller als Stammgäste zu gewinnen. Nach wie vor wird man von resoluten, jedoch fürsorglichen Kellnerinnen bedient und kann für wenig Geld ein Menü essen, das nicht nur satt macht, sondern auch dem Geist gut tut.

Andere Intellektuelle und die Verleger zieht es hingegen ins Allard in der Nähe der Place Saint-Michel. Auch sie haben Hunger – und so überrascht es nicht, dass sie nicht zuletzt wegen der üppigen und nahrhaften Küche ins Allard pilgern. Die Gitter an den Fenstern des originalgetreuen Gebäudes aus dem 18. Jahrhundert erinnern an die königliche Verordnung von 1720, nach der die Weinhändler ihre Lokale gut verschlossen zu halten hatten. Zum Bistro wird das Gebäude erst zu Beginn des 20. Jahrhunderts. Vincent Candré aus Sancerre eröffnet unter dem Namen La Halte de l'éperon einen kleinen Ausschank, dessen Theke heute noch existiert. Die Küche führt Joséphine, die bald als eine der ersten Pariser *mères* berühmt werden sollte. Später übernehmen Marcel und Marthe Allard aus dem Burgund das Bistro und auch die von Joséphine festgelegte wöchentliche Speisefolge. Montags gibt es Bohneneintopf auf Toulouser Art, dienstags Kalbfleisch *à la berrichonne,* mittwochs Hammelragout, donnerstags Schweinefleisch mit Linsen, freitags gekochtes Rindfleisch mit Karotten und schließlich samstags *Coq au vin.* Zu besonderen Anlässen wird die Spezialität des Hauses, Ente mit Oliven, angeboten. Bei Allard werden keine Tellergerichte serviert: Töpfe oder Schüsseln werden auf die Tische gestellt, die Gäste bedienen sich selbst. Wie in den Anfangstagen betritt man das Bistro auch heute noch durch die Küche, ein Zeichen für den Geist, der im Allard herrscht: Man kommt, legt sich die Serviette um und isst gut und reichlich.

ALLARD
Ein gemütliches, gutbürgerliches Bistro hinter dessen vergitterten Fenstern aus dem 18. Jahrhundert man wie im 19. Jahrhundert essen kann (gegenüber und oben).

ALLARD
Die geätzten Fensterscheiben schützen die Liebhaber üppiger Portionen, die hier ihrer Passion frönen, vor allzu neugierigen Blicken.

L'AMI LOUIS

Der Ofen (gegenüber) und die Fenster am Eingang mit den rot-weiß karierten Vorhängen erinnern an die Zeit der deutschen Besatzung. Fast meint man Jean Gabin und André Bourvil wie in »Zwei Mann, ein Schwein und die Nacht von Paris« auftauchen zu sehen. Wände und Decken wurden nie gestrichen, sondern sind durch den Rauch wie gefirnisst. Das für Paris typische Kellergewölbe beherbergt den einen oder anderen edlen Tropfen (oben).

Das Ami Louis, etwas abseits der Place de la République und den großen Boulevards gelegen, existiert bereits seit 1934; richtig erfolgreich ist es allerdings erst seit dem Ende des Zweiten Weltkriegs. Es ist der besondere Charme, der das Ami Louis zum Treffpunkt der Amerikaner in Paris macht. Prall gefüllte Obst- und Gemüsekörbe stehen mitten im Lokal. Das Dekor könnte geradewegs aus Filmen wie *Gigi* oder *Ein Amerikaner in Paris* entsprungen sein und ist Ausdruck des Pariser Lebens, wie Hollywood es damals sah. Da erstaunt es nicht, dass jedes Jahr ein elitärer Klub schwerreicher Amerikaner in Privatjets einfliegt und das Ami Louis als geschlossene Gesellschaft reservieren lässt. Auch Präsident Clinton und Staatspräsident Chirac haben hier im Juli 1999 ganz privat zu Abend gegessen. Das Ami Louis war seit 1944 das Hauptquartier der Offiziere des amerikanischen Nachrichtendienstes OSS. Einer von ihnen war Jack Warner, der später eines der größten Hollywoodstudios gründete. Seit dieser Zeit sind die Amerikaner dem Ami Louis treu geblieben. Es gilt ihnen als Synonym des kleinen reizenden Bistros um die Ecke, in dem man günstig essen kann – jedenfalls solange der Wechselkurs des Dollars günstig ist. Denn sowohl die Portionen als auch die Preise können hier durchaus Schwindel erregende Ausmaße erreichen. Hierher kommt man, um die deftige französische Küche zu genießen: riesige Rinderkoteletts mit Bergen von streichholzdünnen Pommes frites – ein Fest. Auch das Pariser Showbiz hat diesen glitzernden Ort für sich entdeckt. Im Ami Louis trifft man die *outdoor writers* aus dem amerikanischen Westen, die große Portionen durchaus vertragen können, wie etwa Jim Harrison, der vielleicht gerade einen erfolgreichen Vertragsabschluss feiert. Das Ami Louis ist gewiss ein hollywoodreifer Ort – bis hin zu den Rechnungen. Das ist der Preis für den Erfolg des amerikanischsten aller Pariser Bistros.

Seit dem Ende der 1980er Jahre erleben die Bistros in der kulinarischen Landschaft der französischen Hauptstadt einen glanzvollen Aufstieg. Eine neue Generation von Köchen aus den Küchenbrigaden

der Luxushotels zieht es vor, in kleinen Lokalen zu arbeiten, wo sie ihre Kreativität ausleben können. Einer der ersten war Yves Camdeborde aus der Küchenbrigade des Crillon. Er eröffnete nahe der Porte d'Orléans das La Régalade, ein Bistro mit baskisch-béarnaiser Küche. Seine hausgemachten Wurstwaren, das Rührei mit Schinken aus Bayonne und der Kartoffel-Hackfleisch-Auflauf mit Blutwurst fanden schnell ihre Liebhaber. Es folgten Thierry Breton im Chez Michel hinter der Gare du Nord mit einer eher westfranzösisch orientierten Küche und Thierry Faucher im Os à moelle, einem einfachen Lokal im 15. Arrondissement, wo unverfälschte Hausmannskost wie das legendäre Kalbfleischfrikassee angeboten wird. Oder auch Rodolphe Paquin im Repaire de Cartouche zwischen Bastille und Place de la Nation, einem normannisch-rustikalen Wirtshaus inmitten des »hippen« Paris, wo frisch Geschlachtetes vom Bauernschwein auf den Tisch kommt. Sie alle arbeiten nach den gleichen Grundsätzen: preiswerte, aber gute Produkte, die mit allen Finessen der großen Gastronomie zubereitet werden, ein solider Weinkeller, der mit Weinen bisher verkannter Regionen bestückt ist – und das alles zu Preisen, die ebenso bescheiden sind wie die Speisen leicht. Das Auftauchen dieser neuen Bistro-Generation hat mit einem Schlag Leben in die Pariser Gourmetszene gebracht. Ein Vorreiter dieser Bewegung war der Sternekoch Michel Rostang mit seinem Mitte der 1980er Jahre entwickelten Konzept der »Bistros um die Ecke«, von denen es im Pariser Westen inzwischen drei gibt und die von Küchenchefs geführt werden, die in Michel Rostangs Stammhaus in der Lehre waren und ein breites Spektrum bürgerlicher Küche bieten – erfolgreich präsentiert in einem heiteren Ambiente, mit einer Sammlung alter Guide-Michelin-Ausgaben, Tonfiguren im Barbotine-Stil und Antiquitätenöfen. Selbst Starkoch Alain Ducasse hat im Jahr 2000 ein altes Bistro im Zentrum von Paris übernommen. Das Aux Lyonnais war einst eine Absteige für Kutscher, die vor der Opéra-Comique auf ihre Kunden warteten. Er hat das Dekor mit den Fliesen aufgefrischt, die denen der Pariser Metro gleichen, und die Küche modernisiert. Nach dieser Verjüngungskur ist aus dem einst provinziellen Aux Lyonnais ein

AUX LYONNAIS
Alain Ducasse hat dieser Pariser Kneipe neuen Glanz verliehen. Die gleichen Kacheln finden sich auch in der Pariser Metro (gegenüber und oben). Die Bar aus Mahagoni hat sich seit der Zeit, in der sich hier die Kutscher aufgestützt haben, nicht verändert (folgende Doppelseite).

echtes Großstadtlokal geworden, wo es die wohl lockersten Hechtklößchen von Paris gibt. 2005 hat Ducasse außerdem das Benoît übernommen, ein luxuriöses Bistro ganz in der Nähe des Rathauses, in dem seit 1912 die Pariser Stadtverordneten ein- und ausgehen. Insgesamt gesehen kann man in der gesamten Pariser Gastronomielandschaft – auch in den Sternerestaurants – eine Rückbesinnung auf die traditionelle bürgerliche Küche feststellen. Eine Küche, über die Albert Glatigny einst sagte:

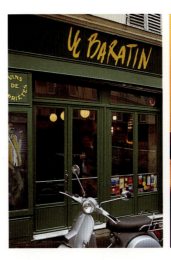 

Ach, ja! Ich schätze ein einfaches, ehrliches Gericht
viel mehr als ein kompliziertes Werk,
das ein vornehmer Küchenchef mir auftischt...

Auch die Frauen haben ihren Anteil an diesem Erfolg. Hélène Darroze, mit zwei Michelin-Sternen ausgezeichnet, führt im 7. Arrondissement ein Restaurant mit zeitgenössischer Küche, in der aber auch die traditionellen Gerichte ihrer südwestfranzösischen Heimat ihren Platz haben. Auch die Töchter zweier großer Küchenchefs machen sich einen Namen und liefern sich in aller Freundschaft einen kulinarischen Wettstreit: Sophie Bardet in der Point Bar, die vom Spitzenkoch Jean Bardet aus der Touraine geführt wird, und Caroline Rostang im Absinthe an der Place du Marché-Saint-Honoré. Darüber hinaus kann sich Paris rühmen, eine neue *mère* in der Tradition einer Joséphine hervorgebracht zu haben: Raquel Carena. Sie stammt aus Argentinien und ist schon als Jugendliche nach Paris gekommen. 1987 fing sie im Bistro Belleville in einer winzigen Küche an zu kochen – und begann, Paris zu erobern. Den Service im Baratin führt Philippe Pinoteau. Raquel Carena setzt auf unverfälschte, einfach zubereitete Gerichte, die auch Gourmets überzeugen. Das Gemüse kommt von Joël Thiébault, dem besten Gemüsehändler der Region, das Fleisch vom Kultmetzger des 5. Arrondissements, Jean Marie Charcellay, und die Fische bezieht sie vom Fischmarkt in Guilvinec in der Bretagne. Qualitätsweine großer Winzer und Spitzenkaffees von Verlet runden das hochwertige Angebot ab. Ein Abend im Baratin ist eine Reise ins Herz von Paris. Dicht an dicht sitzen hier zeitgenössische Schriftsteller, gut aussehende junge Frauen und Stammgäste aus dem Quartier. Einer der bekannten Nachbarn ist Willy Ronis; der Fotograf hat dem Restaurant mehrere seiner Paris-Bilder geschenkt. Durch die stets offene Küchentür hat Raquel Carena den Speisesaal immer im Blick, wie ein Schauspieler, der durch einen Spalt im Vorhang ins Publikum schaut, um dessen Reaktionen zu beobachten. Die täglich wechselnden Gerichte aus marktfrischen Zutaten werden auf die schwarze Schiefertafel geschrieben, eine Karte gibt es nicht. Raquel Carenas Küche ist das Beste, was die Hausmannskost heute zu bieten hat. Ihr Bistro ist stets gut besucht, ein Zeichen dafür, dass die Pariser auch heute noch die bodenständige, ehrliche Küche schätzen.

LE BARATIN
Das Anschreiben der Tagesgerichte und der Weine ist auch in den Bistros von heute ein Ritual (gegenüber). Raquel Carena, in Personalunion Eigentümerin und Köchin dieses Spitzenbistros, beschriftet die Tafel höchstpersönlich, je nach Angebot des Marktes und je nach Saison (oben).

LE BARATIN

Die Wände des Baratin schmücken Fotos von Willy Ronis (an der Wand im Hintergrund), einem Nachbarn und Freund des Hauses, aber auch Werke anderer Künstler aus Belleville, das sich seinen dörflichen Charakter bewahrt hat.

Zeitgenössisches Design

Zwischen gestern und morgen

GEORGES

Im Restaurant des Centre Georges-Pompidou herrscht Minimalismus: Als Kontrapunkt zu dieser Welt aus Metall steht auf jedem Tisch eine einzelne Rose (vorhergehende Seite).

LE CARRÉ DES FEUILLANTS

Im Eingangsbereich von Alain Dutourniers Restaurant nahe der Place Vendôme steht eine Bronzeskulptur von Alberto Bali; im Hintergrund ein Bild aus der Cobra-Periode von Bengt Lindstrom (gegenüber).

Und dann kam die Nouvelle Cuisine. Und mit ihr die Frage, ob moderne Kochkunst und zeitgenössische bildende Kunst den gleichen kreativen Stellenwert haben. Die jungen Küchenchefs der 1960er Jahre, die sich bewusst von der traditionellen Küche gelöst hatten, sahen sich selbst in der Rolle der Avantgarde, nicht anders als die bildenden Künstler auch. Das Anrichten auf dem Teller wurde zur ästhetischen Grundsatzfrage und orientierte sich an der abstrakten Malerei. Es war nur eine Frage der Zeit, bis dieser Wandel auch die Inneneinrichtung der Restaurants bestimmte. Um ihren kunstvollen Küchenkreationen den passenden Rahmen zu geben, nahmen einige der Starköche dieser Generation Kontakt zu Künstlern und namhaften Innenarchitekten auf. Ihre Gourmettempel sollten sich als harmonisches Ganzes präsentieren. Im Jahre 2000 beauftragt Guy Savoy den Architekten Jean-Michel Wilmotte, seinem Restaurant in der Rue de Troyon ein neues Gesicht zu geben. Wilmotte hatte bereits das Straßenbild der Champs-Élysées neu gestaltet. Alain Dutournier verpflichtet 2003 den argentinischen Maler Alberto Bali, das Carré des Feuillants umzugestalten. In beiden Fällen schlagen moderne Kunstwerke oder Werke primitiver Kunst die Brücke zwischen innovativer neuer Küche und abstrakter moderner Kunst. Einer der Vorreiter dieses Trends ist heute ein wenig in Vergessenheit geraten. Claude Peyrot präsentierte das Le Vivarois in der Avenue Victor-Hugo im 16. Arrondissement bereits bei seiner Eröffnung 1966 in einem modernen Ambiente: Stühle von Saarinen, mit beiger Seide bespannte Wände, Lithografien. Damals wurde das von Knoll International geprägte Design als etwas verstaubt belächelt, heute dagegen wäre es mit Sicherheit ein Erfolg. Was für das äußere Erscheinungsbild des Vivarois zutrifft, gilt auch für die Küche Peyrots mit den warmen Austern mit Curry, den Schnecken mit Lauch und Petersilie oder der Schokoladen-Tarte.

In der französischen Hauptstadt sind noch weitere Beispiele dieses zwar etwas aus der Mode gekommenen, gleichwohl aber raffiniert-eleganten Einrichtungsstils anzutreffen. Das Flora Danica und das Le Copenhague, die beiden Restaurants im 1955 eröffneten Maison du Danemark, wurden 1973 ganz nach den strengen Vorgaben der skandinavischen Innenarchitekur eingerichtet. Besonders ins Auge stechen die berühmten purpurnen Schalenstühle des dänischen Designers Arne Jacobsen in der Lounge. Obwohl die Restaurants 2002 erneut renoviert wurden, ist der Siebzigerjahre-Stil unverändert erhalten geblieben. Tische und Stühle in hellem Holz, orangerote Bänke und gleichfarbige Lampenschirme aus Pappe prägen den Speisesaal im Flora Danica. Im Copenhague laden hellrote

CAFÉ BEAUBOURG
Säulen und Fußböden aus nacktem Beton, Brücken und sachlich-nüchternes Mobiliar: Das von Christian de Portzamparc zu Beginn der 1980er Jahre für die Brüder Costes entworfene Café-Restaurant bleibt eines der Vorzeigeobjekte für das Talent dieses Dreigestirns (oben).

GUY SAVOY
Für das Stammhaus von Guy Savoy hat Jean-Michel Wilmotte ein Interieur konzipiert, das auf hochwertige Materialien und primitive Kunst setzt. Hier der kleine Salon mit einer Zwischenwand aus Wenge und einer afrikanischen Skulptur (gegenüber).

Ledersessel, die um reinweiße Tische gruppiert sind, zum Sitzen ein. Und die sachlich-nüchterne skandinavische Küche passt in das Gesamtbild.

Um zu verstehen, wie revolutionär die Inneneinrichtung des Vivarois oder des Maison du Danemark damals gewesen ist, muss man sich in die 1950er Jahre zurückversetzen. In dieser Zeit entstanden in Paris und entlang der Routes Nationales neue Restaurants im Stil der alten Landgasthöfe. An den Wänden hingen Kupferkessel und Jagdtrophäen, die Stühle im Louis-treize-Stil waren mit Jacquardstoffen bezogen und die Tische aus massiver Eiche. Mit diesem »Merowinger-Stil« sollte der Mythos des ländlich-gemütlichen Frankreichs aufrechterhalten werden, eines Frankreichs, das in der Aufbruchzeit nach dem Zweiten Weltkrieg zu verschwinden drohte. Im Gefolge von Curnonsky, dem »Fürsten der Gastronomen«, sangen auch die Gastrokritiker das Loblied der ländlichen Küche. Die Gourmetlandschaft erstarrte in einem nostalgischen Mischmasch, Kochkunst à la Alice im Wunderland, mit *Coq au vin, Crêpe Suzette* und Hechtklößchen. Der Service mit Anrichten und Flambieren am Tisch und eine ganze Kolonne von Käse- und Dessertwagen standen im Mittelpunkt der damaligen Restaurantphilosophie. Kein Wunder, dass Oberkellner und Servicechefs eine weit wichtigere Rolle spielten als die Küchenchefs. Die Revolution durch die Nouvelle Cuisine stellt diese Hierarchie auf den Kopf, von nun an zählen vor allem die Leistungen der Köche. Die Speisen werden auf dem Teller serviert und nicht mehr auf Platten angerichtet, und die Kellner legen ihr theaterreifes Gehabe beim Servieren der Speisen ab. Ihre vorrangige Aufgabe besteht jetzt darin, dem Gast überzeugend die Küchenexperimente ihrer Chefs und die teuren Weine zu erklären. Einige der renommierten Pariser Restaurants setzen jedoch weiter auf Altbewährtes. Darunter natürlich das Tour d'Argent, aber vor allem das Lasserre, wo man in einem bunt gemischten Ambiente aus verschiedenen Stilepochen baden kann, das vieles über die Persönlichkeit des großen Gastronomen und Gründers des Restaurants, Roger Lasserre, aussagt. In dieser nostalgischen Umgebung spiegelt sich auch der Geist der »gemütlichen« 1950er Jahre wider, in denen Sinnesfreuden und schwelgerischer Komfort wichtiger waren als ein durchgestyltes Ambiente.

Nach diesen klassisch-pompösen Jahren folgen zwei experimentierfreudige Jahrzehnte, in denen man sich unverblümt aus allen möglichen Einrichtungsstilen bedient, als wolle man die Pariser Stadtgeschichte noch einmal Revue passieren lassen. Ein Name steht stellvertretend für diesen liebenswerten Stilmix: Bill Slavik. Auch wenn er sich gewiss nicht durch Gradlinigkeit auszeichnet, sein

BON
Zwei Details des von Philippe Starck konsequent eklektisch eingerichteten Hauses, dessen Dekor an eine moderne Interpretation des Stils Napoleons III. erinnert: gepolsterte Wände, ein Rhinozeroskopf, Imitationen afrikanischer Kunst und Designertische (vorhergehende Doppelseite).

LE JULES VERNE
Bill Slaviks Gestaltung passt zum ungewöhnlichen Standort. Das Jules Verne ist nach außen hin offen und bietet den Gästen gleichzeitig eine intime Atmosphäre (oben und gegenüber).

Enthusiasmus überzeugt. Dieser vor Ideen sprühende Designer macht zum ersten Mal mit der surrealistischen Einrichtung des Drugstore Saint-Germain an der Ecke von Boulevard Saint-Germain und Rue de Rennes auf sich aufmerksam, wo sich heute die Armani-Boutique befindet. Die Pariser erinnern sich gerne an diesen für seine Zeit geradezu revolutionären Ort, an dem man bis zwei Uhr morgens zu Abend essen und gleichzeitig Schallplatten, Zeitungen, Bücher und Zigaretten kaufen konnte. Slavik präsentierte Abgüsse von Händen und Lippen von Stars der damaligen Zeit, deren Erotik die Fantasie der abenteuerlustigen jungen Gäste anregen sollte. Danach verschrieb er sich dem Bistro-Stil und verlieh der Brasserie Le Muniche in der Rue de Buci ein barockes Ambiente. Auch dieses Lokal gibt es heute nicht mehr, aber es hat zahlreiche Nachahmer gefunden, wie das L'Européen gegenüber der Gare de Lyon oder das Petit Mâchon in der Rue de la Convention. Slavik ist Ende der 1960er Jahre der führende Inneneinrichter der Pariser Restaurants, seine Dekors sind manchmal hart an der Grenze zum Kitsch. Doch bevor er sich zurückzieht, macht er 1983 eine erneute Kehrtwendung und setzt mit seinem letzten großen Auftrag ein Zeichen seiner Flexibilität. Inspiriert von Jules Verne richtet er auf der zweiten Plattform des Eiffelturms, inmitten der Räder und Seile der gigantischen Aufzugsmaschinerie, ein Restaurant ein. In diesem technischen Wunderwerk zwischen Himmel und Erde entwirft Slavik eine Inneneinrichtung, die sich an den maritimen Fantasien des Schriftstellers orientiert, an dem Luftschiff Albatros des Eroberers Robur oder dem Unterseeboot Nautilus von Kapitän Nemo. Das Jules Verne, das trotz der Nüchternheit seiner Umgebung durch seine heruntergezogene Decke und die Spitzbögen der gläsernen Fassade intim wirkt, ist in drei Bereiche aufgeteilt, die wie Blütenblätter ineinander übergehen. Von der Bar aus blickt man auf das Marsfeld und den Invalidendom, vom ersten Speisesaal auf Notre-Dame und das historische Stadtzentrum von Paris und vom zweiten Saal auf das Palais de Chaillot und La Défense. Hier hat Slavik seine überbordende Kreativität bewusst gezügelt, um das grandiose Panorama zur Wirkung kommen zu lassen. Nichts soll den Gast von diesem einzigartigen Rundblick ablenken. Mit dem Interieur des Jules Verne gelingt Slavik sein Meisterstück: nüchtern und durchdacht. Um die Einrichtung in Farbe und Material dem Eiffelturm anzupassen, wählt er einheitlich ein mattes Grau, das alle Spiegelungen und störenden Lichter schluckt. Die Decke aus Lochblech und schwarzem Lack erinnert durch das Gitterwerk an die geometrische Architektur des Pariser Wahrzeichens. Der grauschwarz melierte Teppich, die gusseisernen, mit gesprenkeltem Kunstleder bezogenen »Büro«-Sessel, die stählerne Bar und das lackierte Piano gegenüber bilden ein ebenso strenges wie elegantes

Ganzes. Auch die Küche sollte diesem Niveau entsprechen. Seit 1992 steht Alain Reix hinter dem Herd dieses einzigartigen Lokals. Der Starkoch brillierte vorher im Divellec, einem der besten Fischrestaurants in Paris. Die Küche des Jules Verne ist gradlinig, hat dabei aber einige fantasievolle Kreationen zu bieten, gewagte Kombinationen, die in ihrem geschmacklichen Zusammenwirken aber immer harmonisch bleiben: Hummer mit Tomate und karamellisiertem Fenchel oder Steinbutt mit Sellerie und grünen Mangos an Sauce Combava. Wie Jules Verne seine Leser schickt auch Reix seine Gäste auf eine Reise – auf ein kulinarisches Abenteuer ohne Risiken und Gefahren, aber mit viel Genuss.

Mit Bill Slavik erreichen die Innenarchitekten Kultstatus. Die Pariser Gastrozaren, die Brüder Gilbert und Jean-Louis Costes aus Aveyron, fördern diese Entwicklung. Jedermann weiß, dass die Renaissance ohne Leonardo da Vinci nicht denkbar gewesen wäre, man vergisst dabei aber die zentrale Rolle seines Gönners Lorenzo de' Medici. Zu Beginn der 1980er Jahre sind es die Brüder Costes, die die Mäzenatenrolle übernehmen, indem sie ihre Restaurants von begabten Architekten, bildenden Künstlern und Designern einrichten lassen. Richtungsweisende Designer wie Philippe Starck, Christian de Portzamparc oder Jacques Garcia wurden von ihnen gefördert. Der Einfluss der Brüder Costes auf die Innenarchitektur der 1980er und 1990er Jahre war immens. Niemand kennt Philippe Starck, als ihm Jean-Louis Costes 1983 die Gesamtkonzeption des Café Costes anbietet. Portzamparc hatte sich zwar durch den Entwurf für die École de Danse an der Porte de la Villette bereits einen Namen gemacht, der Durchbruch gelingt ihm dann aber erst 1986, als er das Café Beaubourg umgestaltet. Jacques Garcia hingegen war in Kreisen begüterter Franzosen, deren Häuser und Wohnungen er eingerichtet hat, bereits wohl bekannt. Sein Beitrag zur Ausstattung des Hôtel Costes im Jahre 1996 verhilft dem Neorokoko-Stil weltweit zum Durchbruch. Daran wird deutlich, dass die führende Rolle der Pariser Gastronomie nicht nur auf die Meisterleistungen ihrer Küchenchefs, sondern gerade und insbesondere auch auf das Ambiente ihrer Restaurants zurückzuführen ist. Für die erfolgreiche Raumgestaltung eines Restaurants müssen sich Innenarchitekten und ausführende Handwerker ergänzen, wobei die Kreativität des Designers letztlich die entscheidenden Impulse gibt. Das Hôtel Costes ist wohl das Ausrufezeichen, das die Brüder Costes zur Erneuerung der Pariser Gastrolandschaft gesetzt haben. Nach dem Vorbild antiker römischer Häuser gruppieren sich die einzelnen Salons rund um den ockerfarbenen Innenhof. Bei der Ausgestaltung der Salons hat sich Jacques Garcia an der Zeit Napoleons III. orientiert, an einem Stil, den er neu interpretiert und mit antiken

LE BELIER
Jacques Garcia versteht es meisterhaft, einem Raum Dramatik zu verleihen: Geraffte Vorhänge, stoffbespannte Wände, Wandleuchten, Marmorsäulen und eine Vielzahl dekorativer Accessoires machen den Eindruck, als habe es im Restaurant des Hotels des Beaux-Arts nie anders ausgesehen (gegenüber und oben).

LE BELIER
Wie im Film: Jacques Garcias Kulisse wirkt wie echt.

Fundstücken ergänzt hat. Entstanden ist ein wahres Labyrinth verschiedenartiger Räume, die von der Pariser Gesellschaft als intimer Treffpunkt gern genutzt werden.

Interessant ist ein Vergleich mit der Inneneinrichtung des Restaurants Le Belier in der Rue des Beaux-Arts, die in den 1990er Jahren vom selben Designer konzipiert wurde. Ein einfacher Raum, in den tagsüber Licht durch die mit elfenbeinfarbenen Vorhängen geschmückte Glasdecke und das Verandafenster flutet, von dem man in einen kleinen Hof mit Springbrunnen blickt. Abends schaffen die von der Decke herabhängenden alten Kupferlaternen eine wohlige Atmosphäre. Das Interieur des Belier orientiert sich am Empire-Stil: hochlehnige Sessel, Kanapees, Teppiche mit Laubmuster, stoffdrapierte Wände sowie die für Garcia charakteristischen Säulen. Das Ganze ist dem Zeitgeschmack entsprechend in Grün- und Goldtönen gehalten. Der Designer hat die ursprüngliche Raumstruktur beibehalten und versucht, dem Ensemble durch eine üppige, zum Teil auch kitschige Einrichtung Atmosphäre zu geben. Allerdings ohne Erfolg: Dem Speiseraum fehlen Ausstrahlung und Stil. Gleiches gilt für die Küche. Sie schwankt zwischen klassischen Gerichten wie Seezunge Müllerin, gefüllte Lammhaxe, Kalbsnierenragout oder sahnige Schokoladencreme sowie kleinen Speisen wie Club-Sandwichs oder saisonale Gemüseteller. Der große Wurf ist das Belier nicht – trotz des berühmten Designers.

Bei Bernard Pacauds Restaurant L'Ambroisie ist alles anders. Hier stimmt das Zusammenspiel von klassischer Küche höchster Qualität und originalgetreu rekonstruiertem Interieur, das aus einem großbürgerlichen Palais aus dem Marais stammen könnte. Starkoch Bernard Pacaud gilt in Gourmetkreisen als ein würdiger Nachfolger der Küchenlegende Mère Brazier. Die gleiche Akribie, die

L'AMBROISIE
Bernard Pacauds berühmtes Restaurant an der Place des Vosges scheint direkt dem 17. Jahrhundert entsprungen zu sein. François-Joseph Graf hat mit Sinn für kleinste Details ein täuschend echtes Interieur geschaffen, eine Mischung aus Originalen wie den Wandteppichen von Beauvais oder den Köln-Stühlen der Wiener Oper und perfekten Imitationen (gegenüber, oben und folgende Doppelseite).

L'ATELIER DE JOËL ROBUCHON

Im Hotel Pont-Royal kommt man sich ein wenig wie in einem Museum vor: Gemüse, Obst und Service-Accessoires sind in Vitrinen untergebracht, wodurch der direkte Kontakt zwischen Küche und den im Barbereich sitzenden Gästen gestört wird (gegenüber und unten). Von den anderen Tischen blickt man auf die Straße, aber auch sie entsprechen Robuchons Snackbar-Konzept (folgende Doppelseite).

ihn hinter dem Herd auszeichnet, spiegelt sich auch im Mobiliar des Restaurants wider, das teilweise von François-Joseph Graf rekonstruiert wurde, teilweise aber auch von Antiquitätenmärkten stammt. Konsolen aus Marmor, Stucksimse, Lüster und Spiegel in vergoldeten Rahmen: Alles wirkt wie ehedem. Doch weit gefehlt: Nichts in diesem Restaurant an der Place des Vosges ist geblieben, wie es ursprünglich war. Selbst die räumlichen Dimensionen der drei Speiseräume wurden verändert, die Böden hat man abgesenkt und die Decken nach oben gezogen. Diese Meisterleistung ist François-Joseph Graf zu verdanken, der aus einem Pseudo-Design ein stimmiges Ganzes gemacht hat. Die Köln-Stühle aus der Wiener Oper sind typisch für das Ende des 19. Jahrhunderts, die Beauvais-Gobelins an den Wänden stammen aus dem Zeitalter der Aufklärung und die Kristallüster an den Decken aus dem 17. Jahrhundert: Trotz des Stilmix aus verschiedenen Epochen empfängt den Gast im L'Ambroisie ein harmonisches Ambiente, das in seiner Gesamtheit zeitlos wirkt. Gleiches gilt für die Küche von Bernard Pacaud, die nur auf den ersten Blick schlicht erscheint. Pacauds kulinarische Wurzeln sind in der bürgerlichen Küche verankert, die die französische Gastronomie weltberühmt gemacht hat. Er steht in der Tradition der *mères cuisinières,* für die stets das unverfälschte Produkt die Basis ihrer Kochkunst war. Handwerkliche Kunstfertigkeit und eine persönliche Handschrift ohne Effekthascherei zeichnen den Spitzenkoch aus. Die großen Küchenklassiker werden von ihm neu inszeniert, ganz im Sinne dieses ehrwürdigen Ortes, an dem heute der gute Geschmack und nicht die Patina im Vordergrund steht.

Im Gegenzug zur zunehmenden Bedeutung der Küchenchefs sinkt der Stellenwert der Oberkellner, eine Entwicklung, die sich auch in der Innenarchitektur der Restaurants niederschlagen sollte. Joël Robuchon, einer der weltweit renommiertesten französischen Köche, hatte sich um die Jahrtausendwende eine schöpferische Pause auferlegt, um 2003 mit seinem Snackbar-ähnlichen L'Atelier de Joël Robuchon auf die gastronomische Bühne zurückzukehren. Sein neues Konzept: eine zum Speiseraum hin offene Küche. Die Idee ist nicht unumstritten, wird aber vom Pariser Publikum mit Begeisterung aufgenommen. Der Designer Pierre Yves Rochon gruppierte nach den Wünschen Robuchons 38 rote Lederhocker mit flachen Rückenlehnen rund um eine Bar aus schwarzem Palisanderholz, an die sich übergangslos die Küche anschließt. Dazu passt die schwarz-rote Uniform der Küchenmannschaft, die direkt vor den Augen der Gäste arbeitet. Interessante Einrichtungsdetails sind spezielle Schinkenständer mit spanischen Schinken, mit Eiswürfeln

PINXO
Nahe der Rue Saint-Honoré lädt das Pinxo mit seiner »Häppchen-zum-Teilen«- Philosophie zum Essen in geselliger Runde ein (oben). Dazu passen eng gestellte Tische (gegenüber) und die zum Speiseraum offene Küche (folgende Doppelseite).

gefüllte Glasschalen, auf denen Langusten thronen, und Regale aus Stahl und Glas, in denen die erlesenen Weine gut zur Geltung kommen – das Ganze kühl und sachlich in Szene gesetzt. Insgesamt lehnt sich Robuchon an die japanische Kochkunst und die dort praktizierte Zubereitung der Speisen und deren Präsentation an. Zelebriert wird eine zurückhaltende Küche, die das naturbelassene Produkt in den Mittelpunkt stellt, auf ein steifes Serviceritual wird verzichtet. Im Ergebnis schafft aber gerade die fehlende persönliche Betreuung des Gastes durch den Oberkellner oder den Sommelier neue Distanz. Genau wie die Wartenden draußen vor der Tür, die auf einen freien Platz hoffen, bleibt der Gast bei dieser Anonymisierung auch drinnen »außen vor«. Die wie ein Aquarium wirkende offene Küche und der fehlende Service geben dem Aufenthalt bei Robuchon etwas Unwirtliches. Die Küche ist zwar räumlich zum Speisesaal hin offen, wenn aber die typische Küchenatmosphäre fehlt – Essensdüfte und das Scheppern der Töpfe und Pfannen – kann keine Atmosphäre aufkommen.

Verblüffenderweise gelingt es Alain Dutournier – mit demselben Designer und ähnlichem Konzept – im Pinxo im Hotel Plaza Vendôme eine ausgesprochen gemütliche Atmosphäre zu schaffen. Hier ist der Kontakt zwischen den Gästen ausdrücklich erwünscht. Eine kleine Küche öffnet sich in Richtung Piano und der Bar aus schwarzem Granit, hinter der 12 *aficionados* Platz finden, die von dort verfolgen können, wie letzte Hand an die Teller gelegt wird. Die eigentliche Küche befindet sich im Untergeschoss. Die anderen Gäste genießen die ungezwungene Atmosphäre des eleganten Speisesaals, wo beige Vorhänge das Tageslicht filtern. Tische aus Holz und Granit, schwarze Ledersessel und die weißen Wände unterstreichen das nüchterne Ambiente. Die unaufdringliche Einrichtung schafft den Rahmen für den Kontakt zwischen Gast und innovativer Küche aus naturbelassenen Produkten. Inspiriert von der spanischen Tapas-Kultur (im Baskischen *pintxo* genannt)

serviert Alain Dutournier kleine Häppchen. Jeder am Tisch kann in geselliger Runde mal hier, mal da probieren und so auch die Gerichte der Nachbarn kennen lernen: kaltes Paprika-Rührei, pochierte Eier, gut abgehangener Schinken, Lachs-Tataki sowie Granny-Smith-Äpfel mit Meerrettich und süßsaurem Ingwer. Die Karte eröffnet die ganze Bandbreite der Aromen, die bei aller Gegensätzlichkeit immer harmonisch aufeinander abgestimmt sind. Das Pinxo ist ein geselliger Ort, an dem man sich kulinarischen Neuerungen zwar nicht verschließt, die Sinnesfreuden und das Wohl des Gastes aber nie aus dem Blick verliert. Das trendige Publikum im Umfeld der Rue de Saint-Honoré hat das Restaurant zu seinem Lieblingstreff auserkoren, eine Auszeichnung, die schwerer zu erreichen

ist als ein Michelin-Stern. Dem begnadeten Alain Dutournier ist das Kunststück gelungen, die wankelmütigen Protagonisten der Modebranche nicht nur für kurze Zeit anzulocken, sondern sie als Stammgäste an sich zu binden.

LA CHIBERTA
Der Wein steht in diesem Haus nahe der Place de l'Étoile im Mittelpunkt und verleiht dem Interieur von Jean-Michel Wilmotte Behaglichkeit. Das schummrige Licht erleichtert manche Begegnung (oben und gegenüber).

Auch im Chiberta wird Wert auf eine persönliche Atmosphäre gelegt. Der altehrwürdige Gourmettempel nahe der Champs-Élysées wurde 2004 von Guy Savoy übernommen und von Jean-Michel Wilmotte zeitgemäß umgestaltet. Der Stardesigner wollte einen Ort schaffen, an dem sich jeder Gast – unabhängig von Rang und Namen – wohl fühlen soll: Geschäftsleute bei Vertragsverhandlungen, Pärchen, die sich zum Tête-à-tête treffen, Familien oder Freunde, die sich zu einem guten Essen zusammenfinden. Sinnbild für Geselligkeit im Geist Guy Savoys ist der Wein, der nicht im Keller versteckt, sondern in gut sortierter Auswahl in gläsernen Klimaschränken nahe dem Empfang sowie in einer fast eine ganze Wand des Speiseraums einnehmenden Vitrine präsentiert wird. Am anderen Ende des Restaurants lädt eine quadratische Bar mit rund 20 Plätzen zum geselligen Beisammensein ein. Sie besteht aus einer Schieferplatte mit einer Oberfläche aus weißem Corian, einem Hightech-Werkstoff aus natürlichen Materialien und Acrylpolymeren. Einer Snackbar ähnlich kann man dort Häppchen essen, was in Paris mehr und mehr in Mode kommt. Die schwarzen Wände werden durch Kunstwerke optisch aufgelockert: die digitale Reproduktion einer Straßenszene von Bertrand Lavier auf Leinwand und farbenfrohe, ja sinnliche Tafeln mit abstrakten Motiven von Gérard Traquandi.

Die kreative Spitzenküche Guy Savoys setzt auf den unverfälschten Eigengeschmack hochwertiger Produkte, die von den besten Lieferanten des Landes bezogen werden, verzichtet auf jede

LA CHIBERTA
Rund um die Bar sitzt man beim Essen Ellbogen an Ellbogen – hier herrscht fast schon echte Stammtisch-Atmosphäre.

L'ALCAZAR

Im Alcazar, hinter der Kirche Saint-Germain-des-Prés, hat man einen freien Blick: in die Küche, auf die Empore oder in den offenen Saal, der an eine moderne Brasserie erinnert (gegenüber und oben). Die Bar auf der Empore mit den großen Kissen, blauem Licht und der Bestuhlung ist echter Conran-Shop-Style. Auch die Kombination für Salz und Pfeffer sowie Streichholz und Aschenbecher und die Vase stammen von dem englischen Meisterdesigner (folgende Doppelseite).

Effekthascherei und geht sparsam mit Aromen um. Kulinarische Höhepunkte sind beispielsweise die gebratenen Langustinen mit Kräuterkrapfen, eine harmonische Kombination aus Garten und Meer, sowie das nur leicht angebratene Thunfischsteak, dessen saftige Konsistenz mit knusprigen Kokosstücken vom Grill kontrastiert, das Ganze umrahmt von Rucolajus. Auf der Karte stehen auch raffiniert gewürzte Fleischgerichte mit Früchten, gegrillt, geschmort oder gebraten: Kalbshaxe mit Pfirsichen, Täubchen mit scharfem baskischem Espelette-Pfeffer oder Lammschulter mit kandierten Zitronen. In nur einem Jahr hat sich das Restaurant zu einer Vorzeigeadresse für Gourmets gemausert, wo man auf den steifen altmodischen Service *à la française* verzichtet und ungezwungen auf höchstem Niveau speisen kann.

Ein Trend aus England? So könnte man meinen, wenn man den Erfolg des von Sir Terence Conran gestalteten L'Alcazar betrachtet. Das Alcazar ist eine spektakuläre Brasserie, die der englische Designer 1998 im Zug des Erfolgs seines Londoner Restaurants Bluebird in Paris eröffnete. Conran war schon immer ein Anhänger der kontinentaleuropäischen Küche. 1953 eröffnete der damals noch unbekannte Designer sein erstes Lokal in London, The Soup Kitchen, wo erstmals auf britischem Boden als besondere Spezialität Espresso serviert wurde. Unter dem Namen Conran Restaurants entstanden in der Folge weitere Lokale in Großbritannien, aber auch in New York, Stockholm und natürlich in Paris. Mittlerweile besitzt Conran weltweit eine Kette von mehr als 30 Restaurants. Im Saal des heutigen Alcazar nahe Saint-Germain-des-Prés und der École des Beaux-Arts spielte man früher Schlagball, später wurde dort eine Druckerei betrieben und noch später, auf Initiative des mediengewandten Königs des Pariser Nachtlebens, Jean-Marie Rivière, ein Kabarett. Der geräumige, helle Raum mit seinem großen Glasdach und den acht chinaroten Säulen ist der ideale Ort für ein

Restaurant auf zwei Etagen: ein Speisesaal im Erdgeschoss, darüber eine schicke Bar. Auf einer Seite erlaubt eine Glaswand den Blick in die Küche, in der Mitte sind bordeauxrote, mit Samt bezogene Sitzbänke gruppiert. An der Wand gegenüber der Küche hängen Spiegel, deren Neigungswinkel einen indiskreten Blick auf die Nachbartische ermöglicht. Von der Bar auf der Empore hat man einen guten Überblick über das gesamte Restaurant. Die farbenfrohen Kissen, die überall auf den Bänken liegen und die bequemen Designstühle aus hellem Holz unterstreichen den spielerischen Charakter der Einrichtung. Im Lauf des Abends, wenn die House- und Technomusik an Lautstärke zunimmt und man die Stimme immer mehr anheben muss, um sie zu übertönen, präsentiert sich das Alcazar als Prototyp eines trendigen Pariser In-Restaurants. Sir Terence Conran hat den Geschmack des vorwiegend jungen Publikums auf den Punkt getroffen. Die Küche ist bewusst einfach und schnörkellos und passt damit zu einer Altersgruppe, die den kulinarischen Kinderschuhen noch nicht entwachsen ist: Meeresfrüchte, Fish und Chips wie in London und eine große Auswahl an deftigen Gerichten wie Blutwurst mit Kastanien und Äpfeln, mit Foie Gras gefülltes Geflügel aus Bodenhaltung mit Grenaille-Kartoffeln und Sauce sowie mit Thymian gespickte Lammschulter.

Nur einen Steinwurf von der Rue de Rivoli entfernt hat der stark von dem Mailänder Designer Ettore Sottsass beeinflusste Innenarchitekt Olivier Gagnère einem historischen Ort einen neoklassizistischen Stempel aufgedrückt: dem Café Marly unter den Arkaden des Louvre. Die Gebrüder Costes bekamen 1994 die Konzession für die Einrichtung des Café-Restaurants mit dem herrlichen Blick auf Ieoh Ming Peis Pyramide. Keine leichte Aufgabe für einen Designer! Olivier Gagnère, der bevorzugt mit traditionsbewussten Kunsthandwerkern wie Glasbläsern aus Murano oder der Porzellanmanufaktur Bernardaud zusammenarbeitet, stellte sich dieser Herausforderung und schuf ein überaus elegantes Ambiente, ohne seine Vorliebe für moderne Formen zu verleugnen.

Für das Café Marly hat Gagnère Möbel und Lampen entworfen, die gut mit den in warmen Farben gehaltenen drei Speiseräumen harmonieren: mit dem Bordeauxrot des großen Saales und dem Kaschmirgrau der beiden kleineren zur Rue de Rivoli hin. Die Zwischenwände sind mit einem vergoldeten rechteckigen Emblem geschmückt, das an die Zeit erinnern soll, in der hier der französische Adel verkehrte. Die zeitgenössischen Sitzgelegenheiten, die an den Empire-Stil erinnern, tragen an der Rückenlehne einen goldenen Ring, ein Markenzeichen des Designers. Die Decke ziert ein Kristallüster, der nach Gagnères Ent-

LE CAFÉ MARLY
Die Terrasse des Café Marly liegt gegenüber der Pyramide des Louvre und ist im Sommer ein Ort der Entspannung für Touristen und Einheimische (gegenüber).
Die von Olivier Gagnère gestalteten Innenräume erinnern eher an einen elitären Club (unten).
Die Sessel mit Ringen und Messingfüßen und der Murano-Leuchter sind typisch Gagnère (folgende Doppelseite).

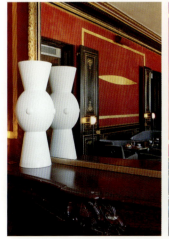

würfen in Murano gefertigt wurde. Die Stehlampen aus schwarzem Metall erinnern vage an afrikanische Totemfiguren. Das Café Marly ist Anziehungspunkt für eine bunt gemischte Gästeschar: in diesem schicken Ambiente etwas deplatziert wirkende Touristen, Stammpublikum, Kunstliebhaber, junge Frauen, die hier eine Pause auf ihrem Einkaufsbummel machen, Geschäftsleute, die nach Entspannung suchen. Hier kann man die Zeit vertrödeln oder sich einen Nachmittag lang Gedanken über den Sinn des Lebens machen. Eine solide Auswahl an ehrlicher Hausmannskost im Bistrostil der Gebrüder Costes machen diesen liebenswerten Ort zu einer Insel der Stille im Großstadtchaos.

Die neue Maison Baccarat an der Place des États-Unis scheint einem Märchenbuch entsprungen zu sein. Hier, im alten Palais der Marie-Laure de Noailles, der Mäzenin von Jean Cocteau, Salvador Dalí, Luis Buñuel und Man Ray, fanden von den goldenen Zwanzigern bis in die 1950er Jahre hinein rauschende surrealistische Feste statt, wie der »Bal des Matières« (1929) und der »Bal de la Lune sur Mer« (1951). Danach schien die Zeit der kreativen Experimente endgültig vorbei zu sein. Doch als der berühmte Kristallfabrikant Baccarat das Haus 2003 zur Firmenzentrale mit angeschlossenem Museum macht, ist er sich bewusst, dass der bewegten Geschichte dieses Ortes angemessen Rechnung getragen werden muss. Mit der Gestaltung beauftragt er den Designer Philippe Starck, einen Tausendsassa, der mit seinen unnachahmlichen expressionistischen Entwürfen Weltruhm erlangt hat. Entdeckt wurde sein Talent von den Gebrüdern Costes, für die er Ende der 1970er Jahre in Paris das Café Costes einrichtete, das es heute leider nicht mehr gibt. Er verbannte das damals vorherrschende brave Skai- und Kunstlederdesign und schuf mit modernen Materialien eine Art »Rock'n'Roll-Atmosphäre«. In der Folgezeit hat Starck Restaurants, Hotels und Ausstellungsräume auf der ganzen Welt, von Hongkong bis Mexiko, von London bis Miami, in seinem ganz eigenen Stil gestaltet. Ganz zu schweigen von den zahllosen Gegenständen des täglichen Lebens wie Möbel oder Haushaltsgeräte, die er auf seine Weise neu erfunden hat. In der Maison Baccarat hat Starck als Hommage an die ehemalige Hausherrin eine wahre Zauberwelt geschaffen. Im Mittelpunkt der barocken Pracht steht natürlich Kristall. Schon die Fassade verblüfft: Durch das Zusammenspiel von weißem Mauerwerk und Kristall setzt Starck am streng klassizistischen Äußeren des Gebäudes verblüffend neue Akzente. Die monumentale Halle wirkt wie die Kulisse zum Jean-Cocteau-Film *Die Schöne und das Biest:* Alles ist aus Kristall. Ein auf einem riesigen Spiegel angebrachter Kerzenleuchter wird von einer gläsernen Hand gehalten, sogar der Faltenwurf auf den schmalen Säulen ist aus diesem edlen Material. Den Eingang

CRYSTAL ROOM DE BACCARAT
Unverputzte Backsteinwände und Kristall, wohin man auch blickt: Philippe Starck setzt bei der Umgestaltung des Stadtpalais von Marie-Laure de Noailles auf starke Kontraste und schafft ein Schloss aus Tausendundeiner Nacht, das eher erträumt als erdacht scheint (gegenüber und oben).

GEORGES

Ein Zusammenspiel von Innen und Außen, Natur und Technik, Transparenz und Intimität: Das Restaurant im Centre Pompidou wirkt wie ein modernes Kunstwerk. Atemberaubend ist auch die fantastische Terrasse über den Zinkdächern der alten Pariser Häuser (oben, gegenüber und folgende Doppelseite).

flankieren die zwei berühmten Negus-Vasen, benannt nach dem früheren Kaiser von Äthiopien, die sogar sprechen können. Durch raffinierte Projektionstechnik erscheinen dort die Gesichter zweier Glasbläser, die die Kunst der Kristallfertigung erklären. Ein mit leuchtenden Kunstfasertupfen gesäumter Teppich weist den Weg zu den anderen Räumen. Am Fuß der Treppe stehen ein riesiger Sessel und ein nicht minder gewaltiger Fußschemel, daneben ist ein für Zar Nikolaus II. gefertigter Kandelaber platziert – eine Traumwelt ganz in Glas. Unter dem ständig kreisenden Kristallüster mit 157 Lichtern geht es hinauf in den Crystal Room, das Restaurant in der ersten Etage der Maison Baccarat. Philippe Starck hat hier die Wände unverputzt gelassen, um den Kontrast der Backsteine mit dem Funkeln des Kristalls, dem Glanz der seidenbezogenen Sofas und den Reflexen der Stahlmöbel wirkungsvoll zu unterstreichen. Den Raum schmücken vier Kameen in Rosa und Weiß, die den Sonnenkönig Louis XIV. und Persönlichkeiten seines Hofstaats zeigen. Ins Crystal Room gehen die Pariser in erster Linie wegen des äußeren Rahmens, aber auch die Feinschmecker kommen auf ihre Kosten. Küchenchef Thierry Burlot bietet mit seinem saisonal wechselnden Angebot auch kulinarisch ein Feuerwerk, das im Zusammenspiel mit der gut sortierten Weinkarte perfekt mit der majestätischen Kulisse harmoniert.

Thierry Costes erweist sich als würdiger Erbe seines Vaters Gilbert. Für die Einrichtung des Restaurants Georges in der sechsten Etage des Centre Georges-Pompidou hat er im Jahre 2000 die Agentur Archilab beauftragt. Der junge französische Architekt Dominique Jakob und sein neuseeländischer Partner Brendan McFarlane haben die von Richard Rogers und Renzo Piano vorgegebenen kubistischen Strukturen des Bauwerks weitestgehend in ihr Konzept integriert und dem großen Raum durch lichtundurchlässige Aluminiumröhren in Rot, Gelb und Blau ein zeitgenössisches Gesicht

gegeben. Die Röhren scheinen aus dem Boden zu wachsen und sich wie Lavaströme im Raum zu verbreiten. Die lebendige Atmosphäre des Restaurants setzt einen eindrucksvollen Kontrapunkt zu der funktional-nüchternen Glas- und Stahlkonstruktion des Centre Pompidou: Auf jedem der kühl wirkenden Stahltische, um die weiße Ledersessel gruppiert sind, steht eine einzelne Rose, die ihre zarte Blüte stolz in die Höhe reckt und dem Ganzen einen Hauch Natürlichkeit verleiht.

Jakob und McFarlane haben ihre Karriere mit der Einrichtung von Privathäusern begonnen, wie beispielsweise dem berühmten Haus T in La Garenne-Colombes, wo ihre Vorliebe für organische Formen bereits erkennbar ist. Vor kurzem bekam das Architektenduo den Auftrag, die Magasins Réunis neu zu gestalten, ein historischer Industriekomplex am Seine-Ufer im 13. Arrondissement. Nach dem Vorbild der Londoner Docks soll auch in Paris am Flussufer neuer Wohnraum entstehen. Das Georges wurde sehr schnell zu einer der gastronomischen Topadressen in der französischen Hauptstadt. Die Gäste sind ein bunter Mix aus Showstars, Filmgrößen, Künstlern, Mannequins und Modemachern samt ihrem Gefolge. Natürlich lassen sich auch die Touristen den atemberaubenden Ausblick auf Paris nicht entgehen. Die Tische in Fensternähe oder die Plätze in der roten »Muschel«, die ausschließlich den VIPs vorbehalten sind, sind heiß begehrt. Das Servicepersonal, vorwiegend langbeinige junge Damen mit einstudiertem Lächeln, muss dafür sorgen, dass Auseinandersetzungen um die besten Tische im Rahmen bleiben. Die Karte bietet Fusion-Küche wie Krevettenravioli mit Hoisinsauce, Ente mit Karamellkruste sowie Thunfisch- oder Lachstartar. Als Dessert lockt eine verblüffend leichte Schokoladentorte à la Michel Bras, die heute weltweit zum Repertoire einer Küche der Spitzenklasse gehört. Bemerkenswert ist allerdings, dass das Georges als einziges Pariser Restaurant den *Black Cod,* den butterzarten Kabeljau aus dem Pazifik, auf der Karte hat. Nicht zuletzt deshalb ist das Georges auch zur Pilgerstätte für Gourmets geworden, denen es weniger auf einen guten Platz als auf gute Küche ankommt.

Diese Stippvisite in Pariser Restaurants mit außergewöhnlichem Interieur zeigt, dass die französische Hauptstadt nicht nur im 19. Jahrhundert weltweit die Vorzeigeadresse gehobener Gastronomie war. Unter den Pariser Restaurants ist ein regelrechter Wettstreit ausgebrochen, der sich nicht nur auf immer neue kulinarische Höchstleistungen beschränkt. Auch der stilvolle äußere Rahmen ist wichtig. In diesem Sinne: Essen gehen in Paris ist immer ein besonderes Erlebnis – in jedem Sinn und für alle Sinne.

GEORGES
Eine Rosenallee unter einem Vulkanschlund?
Flugzeughangar oder
Friedhofskapelle?
Aussichtspunkt oder Eingang
in die Katakomben?
Das Georges ist von allem
etwas und lässt viele
Interpretationen zu
(gegenüber und oben).

LE SQUARE TROUSSEAU
Einen Café und
die Rechnung, bitte!
(folgende Seite).

Adressen und Tipps

Die Pariser Gastrolandschaft ist in ständiger Bewegung. Aus dem vielfältigen Angebot ist dies eine ganz persönliche Auswahl: Restaurants mit außergewöhnlichem Dekor und erstklassiger Küche, Restaurants, die die kulinarische Vielfalt der Stadt widerspiegeln – natürlich ohne Anspruch auf Vollständigkeit.

HISTORISCHES AMBIENTE

ALAIN DUCASSE
Hôtel Plaza Athénée
25, Avenue Montaigne, 75008
Tel.: 0033-1-53 67 65 00
In diesem Belle-Époque-Palais hat Alain Ducasse die Tradition der französischen Spitzenküche à la Auguste Escoffier wieder aufleben lassen. Höhepunkt der von Patrick Jouin gestalteten Inneneinrichtung ist der moderne Kristalllüster. Hierher kommt man jedoch vor allem wegen der erstklassigen Küche, dargeboten von einer der renommiertesten Pariser Küchenbrigaden unter der Leitung von Christophe Moret, dem ehemaligen Chefkoch des Spoon (Foto siehe Seite 35).

LES AMBASSADEURS
Hôtel de Crillon
10, Place de la Concorde, 75008
Tel.: 0033-1-44 71 16 16
ambassadeurs@crillon.com
www.crillon.com
Der historische Rahmen des Hôtels Crillon passt hervorragend zur Küche von Jean-François Piège, der früher bei Alain Ducasse gearbeitet und sich souverän zwei Michelin-Sterne erkocht hat (Fotos siehe Seite 38–41).

LE BRISTOL
112, Rue du Faubourg-Saint-Honoré, 75008
Tel.: 0033-1-53 43 43 00
resa@lebristolparis.com
Éric Fréchons raffinierte Küche gehört zu den ersten Adressen der Stadt. Im Winter speist man im ehemaligen Theatersaal des Grafen de Castellane. Im Sommer werden die Gäste im weitläufigen Garten bedient, wo sich früher ein Kloster befand.

LE CINQ
George V
31, Avenue George V, 75008
Tel.: 0033-1-49 52 71 54
cinq.par@fourseasons.com
www.fourseasons.com
Der hochdekorierte Koch Philippe Legendre und der Sommelier-Vizeweltmeister Éric Beaumard sind Pariser Institutionen. Sie stehen an der Spitze dieses luxuriösen Hotelrestaurants mit erstklassiger Küche und perfektem Service. Hotel und Restaurant wurden von Pierre-Yves Rochon in einem Stilmix aus der Zeit um 1900 und modernem Komfort eingerichtet.

LE GRAND VÉFOUR
17, Rue de Beaujolais, 75001
Tel.: 0033-1-42 96 56 27
grand.vefour@wanadoo.fr
Vielleicht das schönste Traditionsrestaurant in Paris. Das Interieur pendelt zwischen Directoire- und Restaurations-Stil. Guy Martins Küche ist zwar modern, doch auch die Liebhaber der klassischen französischen Küche kommen auf ihre Kosten (Fotos siehe Seite 20–27).

LA GRANDE CASCADE
Allée de Longchamp –
Bois de Boulogne, 75016
Tel.: 0033-1-45 27 33 51
contact@lagrandecascade.fr
Der ehemalige Pavillon Napoleons III. im Herzen des Bois de Boulogne bekam für die Weltausstellung 1900 ein Glasdach. Pariser mit Sehnsucht nach frischer Luft bekommen hier solide Küche geboten.

LAPÉROUSE
51, Quai des Grands-Augustins, 75006
Tel.: 0033-1-43 26 68 04
restaurantlaperouse@wanadoo.fr
Das Lapérouse mit seinen Separees und der einzigartigen Belle-Époque-Atmosphäre lohnt einen Besuch, auch wenn der legendäre Topolinski, der Hohepriester des Pariser Nachtlebens, nie einen würdigen Nachfolger gefunden hat (Fotos siehe Seite 28–33).

LASSERRE
17, Avenue Franklin-Roosevelt, 75008
Tel.: 0033-1-43 59 53 43
lasserre@lasserre.fr
www.lasserre.fr
Das Lasserre gilt zum einen als das erste Pariser Luxusrestaurant im zeitgenössischen Design, zum anderen als die letzte Hochburg der traditionellen französischen Gastronomie. In einer auch von Salvador Dalí besonders geschätzten Umgebung im Stil der 1950er Jahre kann man heute unter dem Glasdach, das im Sommer geöffnet werden kann, die manchmal geradezu wagemutigen Kreationen des jungen begabten Küchenchefs Jean-Louis Nomicos genießen, charmant dargeboten vom perfekten Service unter der Leitung des berühmten Monsieur Louis.

LAURENT
41, Avenue Gabriel, 75008
Tel.: 0033-1-42 25 00 39
1844 von Jacques-Ignace Hittorff auf den Champs-Élysées erbaut, ist dieses Restaurant eine der ersten Feinschmeckeradressen in Paris. Küchenchef Alain Perouget interpretiert meisterlich die von Joël Robuchon kreierte Karte. Bemerkenswert sind auch die Gemälde im klassizistischen Stil, die die Wände der Salons schmücken. Die Sammlung wurde angelegt, als das Laurent noch dem Pressemagnaten Jimmy Goldsmith gehörte.

LUCAS CARTON
9, Place de la Madeleine, 75008
Tel.: 0033-1-42 65 22 90
lucas.carton@lucascarton.com
www.lucascarton.com
Das dezente Jugendstildekor wurde zwar grundlegend modernisiert, seine einzigartige Atmosphäre blieb jedoch erhalten. Küchenchef Alain Senderens hat durch den Verzicht auf seine drei Michelin-Sterne signalisiert, dass er sich von der klassischen Luxusküche verabschieden und neuen Ufern zuwenden will (Fotos siehe Seite 46–51).

MAXIM'S
3, Rue Royale, 75008
Tel.: 0033-1-42 65 27 94
www.maxims-de-paris.com
Zwar hat Pierre Cardin das Maxim's weltweit zu einem Markenartikel gemacht, ein Besuch im Original lohnt sich dennoch. Seit 1900 ist der Inbegriff eines Restaurants mit Geschichte quasi unverändert geblieben, sieht man vom Publikum einmal ab. Echte Pariser sieht man kaum noch (Fotos siehe Seite 42–45).

LA MÉDITERRANÉE
2, Place de l'Odéon, 75006
Tel.: 0033-1-43 26 02 30
Fresken von Bérard und Vertès, von Cocteau inspirierte Menüs, eine zauberhafte Terrasse zum Théâtre de l'Odeon hin: Das 1944 eröffnete Fischrestaurant hat mit Denis Rippa, dem ehemaligen Koch im L'Ambroisie, endlich den geeigneten Küchenchef gefunden, um eine der ersten Adressen der Hauptstadt zu werden.

LE MEURICE
228, Rue de Rivoli, 75001
Tel.: 0033-1-44 58 10 55
restauration@meuricehotel.com
www.meuricehotel.com
Yannick Alleno hat aus diesem etwas angestaubten Restaurant eines der progressivsten Häuser in Paris gemacht. Interessant der Kontrast zwischen innovativer Küche und Dekor im Louis-quinze-Stil, das während der Belle Époque rekonstruiert wurde (Fotos siehe Seite 36–37).

LE PRÉ CATELAN
Route de Suresnes, 75016
Tel.: 0033-1-44 14 41 14
Das Stammhaus der Lenôtres. Das 1905 im Herzen des Bois de Boulogne im Stil eines Palais aus dem 18. Jahrhundert errichtete Gebäude beherbergt hinter seinem Gold- und Stuckdekor die zeitgemäße, schnörkellose Küche von Frédéric Anton, einem der Stars der heutigen Gastroszene.

LE PROCOPE
13, Rue de l'Ancienne-Comédie, 75006
Tel.: 0033-1-40 46 79 00
procope@blanc.net
www.leprocope.com
Dem ältesten Café-Restaurant von Paris steht die grundlegende

Adressen und Tipps

Renovierung gut zu Gesicht. Nichts außer der Fassade und dem Namen ist hier noch historisch (Fotos siehe Seite 16, 18–19).

PRUNIER
16, Avenue Victor-Hugo, 75116
Tel.: 0033-1-44 17 35 85
prunier@maison-prunier.fr
www.prunier.com
Ein Haus ganz im Art-déco-Stil der 1920er Jahre. Die Pariser Institution in Sachen Kaviar und Meeresfrüchte ist dabei, sich einen Spitzenplatz in der Gastroszene der Hauptstadt zurückzuerobern (Fotos siehe Seite 15 und 52–55).

LE RELAIS PLAZA
Hôtel Plaza Athénée
21, Avenue Montaigne, 75008
Tel.: 0033-1-53 67 64 00
reservation@plaza-athenee-paris.com
www.plaza-athenee-paris.com/relais-jazz.htm
Dreißigerjahre-Dekor im Stil des Luxusliners Normandie und moderne Brasserieküche von Alain Ducasse (Foto siehe Seite 34).

TAILLEVENT
15, Rue Lamennais, 75008
Tel.: 0033-1-44 95 15 01
mail@taillevent.com
Im ehemaligen Stadtpalais des Duc de Morny führt die Familie Vrinat die Tradition festlicher Gastlichkeit fort. Die Küche unter der Regie von Alain Solivérès und der Service ergänzen sich in Harmonie und Raffinesse.

BRASSERIEN

BALZAR
49, Rue des Écoles, 75005
Tel.: 0033-1-43 54 16 67
Das 1931 von Marcellin Cazes, dem Besitzer des Lipp, komplett renovierte Haus, ist seit Ende des 19. Jahrhunderts Treffpunkt für die akademische Elite. Auch heute sind die konservativen Professoren des Collège de France und der Sorbonne Stammgäste im Balzar, der wohl authentischsten Brasserie von ganz Paris.

AU BŒUF COURONNÉ
188, Boulevard Jean-Jaurès, 75019
Tel.: 0033-1-42 39 44 44
au.boeuf.couronne@wanadoo.fr
www.rest-gj.com
Der Treffpunkt der Schlachter und Viehhändler gegenüber den alten Schlachthöfen von La Villette ist auch heute noch eines der besten Fleischrestaurants der Hautptstadt. Die Einrichtung stammt aus den 1950er Jahren.

BOFINGER
5–7, Rue de la Bastille, 75004
Tel.: 0033-1-42 72 87 82
www.bofingerparis.com
Authentisches Jugendstildekor und Elsässer Brasserieküche seit mehr als hundert Jahren: Das Bofinger ist trotz des neuen Publikums der nahen Opéra Bastille geblieben, was es immer war (Fotos siehe Seite 58, 60–63).

BOUILLON RACINE
3, Rue Racine, 75003
Tel.: 0033-1-44 32 15 60
bouillon-racine@wanadoo.fr
www.bouillon-racine.com
Facettierte Spiegel, Vasen aus Opalglas und bemalte Fenster, Mosaikboden, Holzvertäfelungen mit Schnitzereien und vergoldete Lettern – hier herrscht der Jugendstil in barocker Pracht. 1996 von den Compagnons du Devoir restauriert und unter Denkmalschutz gestellt, begeistert das ehemals Chartier gehörende Bouillon nach wie vor Touristen und Studenten mit seiner bodenständigen Küche.

LE CAFÉ DU COMMERCE
51, Rue du Commerce, 75015
Tel.: 0033-1-45 75 03 27
Die ehemalige Werkskantine einer Autofabrik wurde 1988 komplett renoviert. Neben dem Lasserre (siehe oben) ist diese von Marie und Étienne Guerraud geführte Brasserie im 15. Arrondissement das einzige Lokal mit einem Dach, das geöffnet werden kann. Bekannt für die hervorragende Qualität seiner Fleischgerichte.

CHARLOT-ROI DES COQUILLAGES
12, Place Clichy, 75009
Tel.: 0033-1-53 20 48 00
de.charlot@blanc.net
www.charlot-paris.com
Das Charlot beeindruckt nicht nur durch sein üppiges Art-déco-Interieur mit Möbeln aus dem Jahr 1925, gravierten Glaszwischenwänden und Fresken mit maritimen Motiven. Hier wird auch eine der besten Meeresfrüchteplatten von ganz Paris serviert.

LA CLOSERIE DES LILAS
171, Boulevard du Montparnasse, 75006
Tel.: 0033-1-40 51 34 50
Die Closerie, wie sie von den Parisern genannt wird, war erst eine Schlittschuhbahn, später eine Kohlenhandlung, bevor hier eine *american bar* (mit angeschlossenem Restaurant) eingerichtet wurde. Später wurde die Brasserie zum Literatentreffpunkt. Die Stammplätze der Schriftsteller waren mit eingeritzten Namen auf den Tischen markiert. Wie die Closerie im 19. Jahrhundert aussah, sieht man auf dem prächtigen Gemälde, das den Speisesaal des Restaurants Laurent schmückt.

LA COUPOLE
102, Boulevard du Montparnasse, 75014
Tel.: 0033-1-43 20 14 20
cmonteiro@groupeflo.fr
www.flobrasseries.com/coupoleparis/
Die größte Brasserie der 1920er Jahre pulsiert wie eh und je. Der äußere Rahmen ist der alte geblieben: die von Künstlern der damaligen Zeit gestalteten Säulen, die Tische und Bänke, die Bar und die Terrasse. Selbst das Tanzlokal existiert bis heute (Fotos siehe Seite 80–83).

FERMETTE MARBEUF 1900
5, Rue Marbeuf, 75008
Tel.: 0033-1-53 23 08 00
fermettemarbeuf@blanc.net
www.fermettemarbeuf.com
Das Jahrhundertwende-Dekor wurde 1978 wieder entdeckt, bis 1982 sorgsam restauriert und 1983 unter Denkmalschutz gestellt. Der Glaspavillon steht im Hof eines Stadtpalais und ist das letzte noch existierende Beispiel der »Wintergarten-Restaurants«, die im 19. Jahrhundert sehr beliebt waren. Die Gebrüder Blanc verwandelten es in eine Brasserie.

GALLOPIN
40, Rue Notre-Dame-des-Victoires, 75002
Tel.: 0033-1-42 36 45 38
www.brasseriegallopin.com
Die erste *bar anglais* in Paris, ganz in Holz mit Kupferelementen eingerichtet, ist bis heute beliebter Treffpunkt des Börsenviertels (Fotos siehe Seite 68–71).

LE GRAND COLBERT
4, Rue Vivienne, 75002
Tel.: 0033-1-42 86 87 88
le.grand.colbert@wanadoo.fr
Mit ihrem rekonstruierten Interieur aus der Mitte des 19. Jahrhunderts gelingt es dieser Brasserie in der Passage Colbert, echter als das Original auszusehen.

JULIEN
16, Rue du Faubourg-Saint-Denis, 75010
Tel.: 0033-1-47 70 12 06
Eine der prächtigsten Jugendstilbouillons der Hauptstadt mit einer Mahagonitheke von Louis Majorelle. An den Wänden vier von Louis Trezel gestaltete Ornamente mit eingelegten Cabochonsteinen und Perlen in reich verzierten Stuckrahmen, die byzantinische Schönheiten darstellen.

LIPP
151, Boulevard Saint-Germain, 75006
Tel.: 0033-1-45 48 72 93
lipp@magic.fr
www.brasserie-lipp.fr

Adressen und Tipps

Der ehemalige Treffpunkt der geistigen und politischen Elite von Paris wird nach wie vor gerne von Fans des Mythos Saint-Germain-des-Prés besucht. Noch immer herrscht hier ein Protokoll wie am Hof Ludwigs XIV. (Fotos siehe Seite 57 und 64–67).

MOLLARD
115, Rue Saint-Lazare, 75008
Tel.: 0033-1-43 87 50 22
espace.clients@mollard.fr
www.mollard.fr
Eine schöne Bahnhofsbrasserie im eklektischen Stil mit Fresken und Bildern aus den 1880er Jahren. Das Mollard hat durch ein solides Speiseangebot mit einer großen Auswahl an Meeresfrüchten seinen Platz in der Pariser Gastrolandschaft behaupten können (Fotos siehe Seite 72–75).

MONTPARNASSE 1900
59, Boulevard du Montparnasse, 75006
Tel.: 0033-1-45 49 19 00
restaurant@montparnasse-1900.com
www.gerard-joulie.com/montparnasse_1900_3.htm
Ein typisches Bouillon, das nach der Umgestaltung durch Bill Slavik 1977 zu neuem (vielleicht ein bisschen zu neuem) Glanz gekommen ist.

TERMINUS NORD
23, Rue de Dunkerque, 75010
Tel.: 0033-1-42 85 05 15
www.terminusnord.com
Diese »Brasserie 1925«, wie die Speisekarte vor der Tür verkündet, hat nichts von ihrem Charme verloren, die Stammgäste sind Eisenbahn-nostalgiker.

LE TRAIN BLEU
Place Louis-Arnaud, 75012
Tel.: 0033-1-43 43 09 06
isabelle.car@compass.group.fr
www.le-train-bleu.com
Das schönste Bahnhofsrestaurant der Welt. Es hat als Musterbeispiel für den klassizistischen Stil einen ähnlichen Stellenwert wie die Saint Chapelle für die Gotik (Fotos siehe Seite 76–79).

VAGENENDE
142, Boulevard Saint-Germain, 75006
Tel.: 0033-1-43 26 68 18
www.vagenende.fr
Das sorgsam restaurierte Jugendstildekor steht unter Denkmalschutz. Die Atmosphäre im ehemals Chartier gehörenden Bouillon ist etwas bürgerlicher als in den Pendants auf der rechten Seine-Seite. Leider eine etwas einfallslose Küche.

LE ZÉPHYR
1, Rue du Jourdain, 75020
Tel.: 0033-1-46 36 65 81
Eine schöne Brasserie zwischen Belleville und Buttes-Chaumont in authentischem Art-déco-Interieur von 1929, überraschend für dieses Quartier. Traditionelle Brasserieküche.

BISTROS

ALLARD
1, Rue de l'Éperon, 75006
Tel.: 0033-1-43 26 48 23
Ein gemütliches bürgerliches Bistro mit deftiger Küche für alle, die keine Angst vor zu hohem Cholesterin haben (Fotos siehe Seite 100–103).

L'AMI LOUIS
32, Rue Vertbois, 75003
Tel.: 0033-1-48 87 77 48
Das Lieblingsbistro der Amerikaner in Paris im Originaldekor aus den 1930er Jahren (Fotos siehe Seite 104–105).

AU PETIT RICHE
25, Rue Le Peletier, 75009
Tel.: 0033-1-47 70 68 68
aupetitriche@wanadoo.fr
www.aupetitriche.com
Die gemütliche Einrichtung stammt von 1880; die Karte bietet Traditionelles aus dem Loire-Tal: Hier bekommt man etwas »Ordentliches« wie in der guten alten Zeit (Fotos siehe Seite 86, 88–89).

AUX LYONNAIS
32, Rue Saint-Marc, 75002
Tel.: 0033-1-42 96 65 04
auxlyonnais@online.fr
www.alain-ducasse.com/public_us/cest_aussi/fr_aulyonnais.htm
Ein typisches Bistro im Jahrhundertwende-Stil mit Kacheln, die auch in der Pariser Metro die Wände zieren. Alain Ducasse machte daraus ein nettes Lokal mit Gerichten aus dem Rhone-Tal (Fotos siehe Seite 106–109).

LE BARATIN
3, Rue Jouye-Rouve, 75020
Tel.: 0033-1-43 49 39 70
Das schlichte Dekor ohne jeden Schnickschnack täuscht: Die Küche von Raquel Carena, einer echten Pariser *mère*, lohnt auf jeden Fall einen Besuch (Fotos siehe Seite 85 und 110–113).

BENOÎT
20, Rue Saint-Martin, 75004
Tel.: 0033-1-42 72 45 68/
0033–1-42 72 25 76
Diese »Esskneipe« war lange Zeit Treffpunkt der Stadtverordneten aus dem nahen Rathaus. Die satirischen Zeichnungen stammen aus den 1930er Jahren, das Dekor ist seit 1904 unverändert. Nach der Übernahme durch Alain Ducasse erlebt das Luxusbistro eine Renaissance.

LE BISTROT D'À CÔTÉ – FLAUBERT
10, Rue Gustave-Flaubert, 75017
Tel.: 0033-1-42 67 05 81
Eine reizvolle Sammlung von Barbotine-Figuren und alten Michelin-Führern schmücken dieses Bistro von Michel Rostang. Hier wird eine erstklassige Jahreszeitenküche zu günstigeren Preisen als in Rostangs Stammhaus angeboten; besonders empfehlenswert sind Gerichte mit Füllungen.

BISTROT PAUL BERT
18, Rue Paul-Bert, 75011
Tel.: 0033-1-43 72 24 01
In dieser französischen Variante einer *wine bar* wird auf gutes Essen ebenso viel Wert gelegt wie auf gepflegte Getränke. Die auf der Schiefertafel offerierten Gerichte sind deftig: Linsensuppe mit Foie Gras, knuspriger Schweinerüssel, Eintopf mit geräucherter Innereienwurst. Die Weinkarte umfasst mehr als 300 ausgewählte Tropfen.

CHARDENOUX
1, Rue Jules-Vallès, 75011
Tel.: 0033-1-43 71 49 52
Das seit 1904 unveränderte Interieur des Arbeiterbistros steht unter Denkmalschutz. Noch heute wird hier im 11. Arrondissement besonders von den Stammgästen geschätzte herzhafte Hausmannskost geboten.

CHARTIER
7, Rue du Faubourg-Montmartre, 75009
Tel.: 0033-1-47 70 86 29
www.restaurant-chartier.com
Das Musterbeispiel eines Pariser Bouillons mit schlichter Einrichtung ohne Schnickschnack und ebenso einfacher Küche (Fotos siehe Seite 94–95).

CHEZ MICHEL
10, Rue de Belzunce, 75010
Tel.: 0033-1-44 53 06 20
Thierry Breton eröffnete das Chez Michel 1995, kurz nachdem Yves Camdeborde das Régalade übernommen hatte (siehe unten). Doch neu ist dieses einfache Bistro mit dem Originaldekor von 1939 beileibe nicht. Der junge bretonische Küchenchef *(nomen est omen)* hat im Ritz gelernt, bevor er seine Reise durch Frankreichs Gourmetküchen antrat.

CHEZ PAUL
13, Rue de Charonne, 75011
Tel.: 0033-1-47 00 34 57
Ein echtes Pariser Bistro mit karierten Tischdecken, Schiefertafel und Stammgästen aus der Nachbarschaft.

LE CLOWN BAR
114, Rue Amelot, 75011
Tel.: 0033-1-43 55 87 35
Bei dieser Weinbar in der Kulisse des alten Pariser Winterzirkus bezaubert vor allem der obere Fries aus Kacheln der Fayencewerkstätten Sarreguemines, auf denen natürlich Clowns zu sehen sind.

LE COMPTOIR
9, Carrefour de l'Odéon, 75006
Tel.: 0033-1-44 27 07 97
Ganz in der Nähe des Carrefour de l'Odéon gelegen, bietet die neue Wirkungsstätte Yves Camdebordes mittags Brasserieküche und abends (außer am Wochenende) seine berühmten Klassiker wie ausgebeinte Schweinsfüßchen oder Blutwurstpastete.

Adressen und Tipps

L'ESCARGOT MONTORGUEIL
38, Rue Montorgueil, 75001
Tel.: 0033-1-42 36 83 51
escargot-montorgueil@wanadoo.fr
www.escargot-montorgueil.com
Seit 1880 stehen hier Schnecken auf der Karte. Die gemalten Schilder an der Fassade und die Wendeltreppe sind noch im Originalzustand, der Deckenschmuck des vorderen Saales stammt aus Sarah Bernhardts Privathaus (Fotos siehe Seite 90–93).

L'OS À MOELLE
3, Rue Vasco de Gama, 75015
Tel.: 0033-1-45 57 27 27
Bistroküche mit einem Hauch Haute Cuisine: Thierry Faucher beherrscht es meisterhaft, einfache Gerichte aufzuwerten. Und das Design? Fehlanzeige! In diesem modernen Pariser Bistro zählt die Atmosphäre. Gute Weinkarte.

LE POLIDOR
41, Rue Monsieur-le-Prince, 75006
Tel.: 0033-1-43 26 95 34
lepolidor@aol.com
Der ehemalige Milchladen mitten im Quartier Latin wurde zum Studentenlokal, mit Preisen, die seit 1920 vergleichsweise stabil geblieben sind (Fotos siehe Seite 96–99).

LA RÉGALADE
49, Avenue Jean-Moulin, 75014
Tel.: 0033-1-45 45 68 58
Von hier aus begann 1991 der Siegeszug der »neuen« Bistros. Yves Camdeborde setzte Gerichte aus seiner Heimatregion Béarn auf die Karte und zeigte den Parisern, wie schmackhaft und preiswert einfache Küche sein kann. Heute steht Bruno Doucet am Herd, doch die Qualität ist unverändert gut, und man bekommt kaum einen Tisch.

LE REPAIRE DE CARTOUCHE
8, Boulevard des Filles-du-Calvaire oder 99, Rue Amelot, 75011
Tel.: 0033-1-47 00 25 86
Der gelbe Putz und die einfachen Holzvertäfelungen stammen aus der Zeit um 1900. Der Normanne Rodolphe Paquin ist einer der vier Schüler Christian Constants aus der Küchenbrigade des Crillon, die in Paris eigene Restaurants eröffnet haben. Er bietet vorzügliche moderne Bistroküche.

LE SQUARE TROUSSEAU
1, Rue Antoine-Vollon, 75012
Tel.: 0033-1-43 43 06 00
Das volkstümliche Restaurant aus der Zeit um 1900 hat sich seinen ursprünglichen Charme eines Lokals für die Handwerker des Faubourg-Saint-Antoine erhalten (Fotos siehe Seite 2, 160).

LE VIEUX BISTROT
14, Rue du Cloître-Notre-Dame, 75004
Tel.: 0033-1-43 54 18 95
Das Vieux Bistrot liegt auf der Île de la Cité nahe Notre-Dame. Hier wird auch heute noch Hausmannskost serviert. Man stelle sich Kommissar Maigret vor, wie er auf den roten Kunstlederbänken sitzt und das Bœuf Bourguignon genießt – ein Stück Paris, wie es früher einmal war.

ZEITGENÖSSISCHES DESIGN

RESTAURANT 1728
8, Rue d'Anjou, 75008
Tel.: 0033-1-40 17 04 77
restaurant1728@wanadoo.fr
Dieses Lokal in den restaurierten Räumen des Hôtel d'Anjou, in dem einst Lafayette wohnte, überzeugt weniger durch das Interieur aus dem 18. Jahrhundert oder die Crossover-Küche als durch das Konzept eines Galerie-Restaurants, wo alle ausgestellten Bilder, egal ob alt oder modern, auch gekauft werden können.

L'ALCAZAR
62, Rue Mazarine, 75006
Tel.: 0033-1-53 10 19 99
www.alcazar.fr
Conran-Stil bis ins kleinste Detail. Eine In-Brasserie für junge, ausgewählte Gäste mit solider Küche und gehobenen, aber bezahlbaren Preisen (Fotos siehe Seite 144–147).

L'AMBROISIE
9, Place des Vosges, 75004
Tel.: 0033-1-42 78 51 45
François-Joseph Graf hat eine perfekte Kopie einer Innenausstattung aus dem 17. Jahrhundert geschaffen. Der Name des Restaurants ist Programm: In diesem Ambiente lässt es sich wahrhaft göttlich speisen (Fotos siehe Seite 128–131).

L'APICIUS
20, Rue d'Artois, 75008
Tel.: 0033-1-43 80 19 66
Die prächtige Umgebung täuscht: ein Palais aus dem 19. Jahrhundert nebst herrlichem Garten nahe den Champs-Élysées, das heute dem Regisseur Luc Besson gehört. Jean-Pierre Vigatos Küchenphilosophie hat sich nicht verändert und noch immer gibt es hier den besten Kalbskopf in ganz Paris. Die alten Stammgäste aus seinem Bistro in der Avenue de Villiers sind ihm hierher gefolgt, denn niemand im Pariser Westen kocht bodenständige, unprätentiöse Küche von vergleichbarer Qualität.

L'ARPÈGE
84, Rue de Varenne, 75007
Tel.: 0033-1-47 05 09 06
arpege@alain-passard.com
Das elegante Interieur – Skulpturen von Arman, Lalique-Lampen und an der Wand ein Porträt seiner Großmutter – ist ein passender Rahmen für die kulinarischen Höhenflüge Alain Passards. Der Aufsehen erregende Küchenchef zelebriert die Kunst des Einfachen und hat das in Vergessenheit geratene Gemüse ins Zentrum seiner Karte gestellt. Aber auch seine anderen Kreationen sind erstklassig, spielerisch leicht, geheimnisvoll und klar zugleich.

L'ASTRANCE
4, Rue Beethoven, 75016
Tel.: 0033-1-40 50 84 40
Fünf Jahre bei Alain Passard haben bei Pascal Barbot die Lust am kreativen Experimentieren geweckt. Dieser sympatische Dreißigjährige ist der d´Artagnan der jungen Pariser Köche, wagemutig, engagiert und großzügig. Da sieht man gerne über seinen jugendlichen Hang zur Provokation hinweg. Sein zurückhaltend modern eingerichtetes Restaurant ist eine der heißen Adressen in der Pariser Gastrolandschaft.

L'ATELIER DE JOËL ROBUCHON
Hôtel Pont-Royal
5, Rue Montalembert, 75007
Tel.: 0033-1-42 22 56 56
Die Eröffnung des L'Atelier de Joël Robuchon war ein Ereignis. Hier wird ein neues Restaurantkonzept umgesetzt, mit einer zum Gastraum hin offenen Küche und einer angeschlossenen Bar, die für Geselligkeit sorgen soll. Trotz des stimmigen Designs von Pierre-Yves Rochon und der perfekten Küche Robuchons fehlt es dem Haus an Wärme (Fotos siehe Seite 132–135).

L'ATELIER MAîTRE ALBERT
1, Rue Maître Albert, 75005
Tel.: 0033-1-56 81 30 01
ateliermaitrealbert@guysavoy.com
Ein modernes Restaurant mit Grillspezialiäten oder die Pariser Version des Landgasthofs im 21. Jahrhundert. Das überaus elegante Interieur wurde von Jean-Michel Wilmotte gestaltet, in der Küche hat Guy Savoy das Sagen.

LE BARFLY
49–51, Avenue George V, 75008
Tel.: 0033-1-53 67 84 60
Michel Cancio Martins ist der führende Innenarchitekt für die Einrichtung von Nachtlokalen, egal ob in Paris, London, Marbella oder Singapur. Die Buddha Bar in Paris, die Man-Ray-Bars in Paris, Los Angeles und New York, die Opium Bar in London, das Raffles in Singapur oder das Doc Cheng's in Hamburg – sie alle tragen seine unverwechselbare Handschrift. Das Barfly ist wie eine überdimensionale Lounge, das Idealbild einer *american bar* und ein Stück New York, wie man es sich in Paris vorstellt...

BARLOTTI
35, Place du Marché-Saint-Honoré, 75001
Tel.: 0033-1-44 86 97 97
barlotti@barlotti.fr
www.barlotti.fr
Das Lounge-Restaurant, dessen Einrichtung vom Film *Blade Runner* inspiriert scheint, ist neben der Buddha Bar (siehe unten), dem Barfly (siehe oben) und dem Barrio Latino das vierte Etablissement des neuen Pariser Gastrozaren Raymond Visan von der Groupe George V Restauration. Kommt man hierher, um italienische Küche zu genießen? Möglich..., aber vor allem geht es wohl um das Esserlebnis.

Adressen und Tipps

BAROCCO
23, Rue Mazarine, 75006
Tel.: 0033-1-43 26 40 24
Maurice Savinel und Roland Le Bévillon, die Innenarchitekten des Byblos in Saint-Tropez, haben mit einer Mischung aus Lounge, Bar und Restaurant in brasilianischem Stil eine einladende Atmosphäre geschaffen, in der sich das Pariser Showbiz gerne zeigt.

LE BÉLIER
13, Rue des Beaux-Arts, 75006
Tel.: 0033-1-44 41 99 01
Ein weiteres Schmuckstück Jacques Garcias, ein einzigartiger Stilmix aus Erstem und Zweitem Kaiserreich, Belle Époque und Barock
(Fotos siehe Seite 124–127).

BON
25, Rue de la Pompe, 75116
Tel.: 0033-1-40 72 70 00
Mit Seide bezogene Wände, Kerzenlicht, Kamin und intime Salons für ein Tête-à-Tête: ein barockes Interieur von Philippe Starck. Küchenchef Bruno Brangea, früher Sous-Chef im Flora Danica (siehe unten), kocht auf gleichem Niveau
(Fotos siehe Seite 120–121).

BON 2
2, Rue du Quatre-Septembre, 75002
Tel.: 0033-1-44 55 51 55
Das Bon 2 mit seinen Ledersofas, Kristalllüstern, venezianischen Spiegeln und der stählernen Bar, wo die Börsenkurse verfolgt werden können, ist die moderne Version der Brasserie Gallopin (siehe oben).

BUDDHA BAR
8, Rue Boissy D'Anglas, 75008
Tel.: 0033-1-53 05 90 00
In diesem kitschigen Ambiente, das selbst Hollywood nicht hätte übertreffen können, ist das Essen Nebensache. Hier sperrt man Augen und Ohren auf und schwebt auf Ambiance-Musik, von der bereits die fünfte CD erschienen ist.

LE CABARET
2, Place du Palais-Royal, 75001
Tel.: 0033-1-58 62 56 25
Ein gefragter Nachtclub mit französischer Crossover-Küche und einem Ambiente von Jacques Garcia, das von Ora-Ito umgestaltet wurde. Das Haus sucht allerdings noch nach einer klaren Linie.

CAFÉ BEAUBOURG
100, Rue Saint-Martin, 75004
Tel.: 0033-1-48 87 63 96
Hierher kommt man weniger wegen der bodenständigen Brasserieküche als wegen des von Christian de Portzamparc gestalteten Dekors. Das Design ist streng, aber stimmig, im Mittelpunkt stehen gewachster Beton und eine spektakuläre Treppe, die auf die Empore führt.

CAFÉ DE L'ESPLANADE
52, Rue Fabert, 75007
Tel.: 0033-1-47 05 38 80
Ein weiteres Lokal der Familie Costes vor dem Invalidendom.

LE CAFÉ MARLY
Le Louvre, Cour Napoléon
93, Rue de Rivoli, 75001
Tel.: 0033-1-49 26 06 60
Olivier Gagnère ist es gelungen, diesem Café in den Arkaden des Louvre Eleganz zu verleihen. Mobiliar und Wandgestaltung sind zwar etwas geziert, aber dezent und ohne überflüssigen Pomp und Kitsch
(Fotos siehe Seite 148–151).

LE CARRÉ DES FEUILLANTS
14, Rue de Castiglione, 75001
Tel.: 0033-1-42 86 82 82
Mit seinem ausgeprägten Pioniergeist verbindet Alain Dutournier die kulinarische Tradition der Landes mit der technischen Finesse der Haute Cuisine zu einer originellen und einfallsreichen Küche, in der die Produkte seiner Heimat im Mittelpunkt stehen. Das Ganze in einem stimmungsvollen Ambiente mit Art-brut-Kunstwerken
(Foto siehe Seite 116).

LE CHIBERTA
3, Rue Arsène Houssaye, 75008
Tel.: 0033-1-53 53 42 00
info@lechiberta.com
www.lechiberta.com
Das Dekor von Jean-Michel Wilmotte stellt den Wein in den Mittelpunkt, die Küche von Guy Savoy lädt zu einer kulinarischen Entdeckungsreise ein
(Fotos siehe Seite 140–143).

CRYSTAL ROOM DE BACCARAT
11, Place des États-Unis, 75116
Tel.: 0033-1-40 22 11 10
www.baccarat.fr
Im Crystal Room de Baccarat konnte sich Philippe Starck so richtig ausleben: Kristalllüster, extravagante Sessel, unverputzte Wände und Marmorsäulen. Das Dekor erinnert an ein Gemälde von Salvador Dalí…
(Fotos siehe Seite 152–153).

EMPORIO ARMANI CAFFE
149, Boulevard Saint-Germain, 75006
Tel.: 0033-1-45 48 62 15
Das von Giorgio Armani eingerichtete Lokal befindet sich in der Boutique Armani in Saint-Germain-des-Prés. Es bietet italienische Jahreszeitenküche aus erstklassigen Produkten und einen charmanten, aufmerksamen Service unter der Leitung von Massimo Mori. Eine Kleinigkeit essen kann man hier den ganzen Tag, ideal für *fashion victims*.

GEORGES
Centre Georges-Pompidou
19, Rue Beaubourg, 75004
Tel.: 0033-1-44 78 47 99
Das Georges hoch oben im Centre Pompidou ist von jungen Avantgardekünstlern ultramodern ausgestattet worden. Hier genießt man vor allem einen herrlichen Rundblick über Paris. Die Fusion-Küche zeigt aufsteigende Tendenz
(Fotos siehe Seite 115, 154–159).

LA GRANDE ARMÉE
3, Avenue de la Grande-Armée, 75116
Tel.: 0033-1-45 00 24 77
Eines der Lokale aus den Anfängen der Costes-Gruppe.

GUY SAVOY
18, Rue Troyon, 75017
Tel.: 0033-1-43 80 40 61
www.guysavoy.com
Bereits seit einigen Jahren ist Guy Savoy der Superstar der Pariser Gastroszene. Trotz aller Raffinesse steht bei ihm immer das naturbelassene Produkt im Mittelpunkt. Schon lange bevor er den dritten Michelin-Stern bekam, gehörte er über Frankreichs Grenzen hinaus zur Crème de la crème der Spitzenköche. Für viele ausländische Gourmets ist erst der Besuch in seinem Restaurant das Zeichen, endlich in Frankreich angekommen zu sein. In dem von Jean-Michel Wilmotte gestalteten Restaurant beherrschen primitive afrikanische und asiatische Statuen die Szenerie, die Wände schmücken Bilder der Künstlergruppe Cobra, ein passendes Ambiente für seine ebenso fantasievolle wie präzise Küche
(Foto siehe Seite 119).

HÔTEL COSTES
239, Rue Saint-Honoré, 75001
Tel.: 0033-1-42 44 50 25
www.hotelcostes.com
Garcia hat hier ein wahres Labyrinth im Stil Napoleons III. geschaffen, eine Pariser Erfolgsgeschichte.

IL PALAZZO
Normandy Hôtel
7, Rue de l'Échelle, 75001
Tel.: 0033-1-42 60 91 20
Marc Dumas hat dem Haus einen modernen Anstrich gegeben. Er verbannte die Bronzeglöckchen von den langen Tischreihen und setzte auf neobarockes Mobiliar. Die Deckengemälde und der Kamin sind jedoch seit 1877 unverändert geblieben. Die Karte des Hotelrestaurants gibt sich italienisch mit französischem Einschlag.

LE JARDIN
Hôtel Royal Monceau
37, Avenue Hoche, 75008
Tel.: 0033-1-42 99 98 70
Die Rotunde des Hotel Royal Monceau wurde in ein herrschaftliches Zelt verwandelt mit Wandteppichen, Lanzen und Sessel im Stil des Zweiten Kaiserreichs. Hier wird die unverwechselbare Handschrift von Jacques Garcia deutlich, der inzwischen die erste Adresse für die Gestaltung (oder eher Restaurierung) internationaler Luxushotels ist. Die Küche ist tendenziell provenzalisch.

LE JULES VERNE
Tour Eiffel, Champ-de-Mars, 75007
Tel.: 0033-1-45 55 61 44
Das letzte Meisterwerk des Inneneinrichters Bill Slavik, der dabei die Charakteristika des Bauwerks von Gustave Eiffel einbezogen und auf Barockes verzichtet hat
(Fotos siehe Seite 122–123).

Adressen und Tipps

MAISON BLANCHE
Théâtre des Champs-Élysées
15, Avenue Montaigne, 75008
Tel.: 0033-1-47 23 55 99
www.maison-blanche.fr
Das Restaurant der Brüder Pourcel auf der Terrasse des 1913 von dem großen Architekten Auguste Perret errichteten Théâtre des Champs-Élysées ist eine architektonische Meisterleistung. Um die historische Bausubstanz zu erhalten, ruht das Restaurant auf eigenen Pfeilern und einer Hängebrücke. Mit der Innenausstattung wurde Imaad Rahmouni, ein Schüler Philippe Starcks, beauftragt. Durch die riesige Glaswand des Speisesaals bietet sich in luftiger Höhe ein sensationeller Rundblick über den Pariser Westen. Von der Empore aus reicht der Blick noch weiter. Besonders ins Auge fallen die phosphoreszierende Bar und die Terrasse, eine grüne Insel mitten in der Stadt. Auf der Karte stehen traditionelle Gerichte aus dem Languedoc im modernen Gewand. Im Maison Blanche regiert die Kreativität, mal stehen Kontraste, mal geschmackliche Harmonie im Vordergrund.

LA MAISON DU DANEMARK
142, Avenue des Champs-Élysées, 75008
Tel.: 0033-1-44 13 86 26
Die beiden Restaurants im Maison du Danemark, das Flora Danica und das Copenhague, wurden 2002 renoviert, doch das Siebzigerjahre-Design ist erhalten geblieben. Hier kann man den einseitig gebratenen Lachs der Puristen genießen, der die Gourmets der Stadt in Begeisterung versetzt hat, seit er 1974 zum ersten Mal auf der Karte des Copenhague stand.

MARKET
15, Avenue Matignon, 75008
Tel.: 0033-1-56 43 40 90
prmarketsa@aol.com
Die Zusammenarbeit zweier Superstars, Jean-Georges Vongerichten für die Küchenkonzeption und Christian Liaigre als Designer, war der Erfolgsgarant dieses New Yorker Restaurants mitten in Paris. Als sich beide in New York kennen lernten, war Vongerichten mit seiner leichten Fusion-Küche der berühmteste französische Koch in den USA, während Liaigre das Hotel Mercer in Soho gestaltete. Der Speisesaal des Market wirkt einladend. Statuen im Stil primitiver Kunst harmonieren mit den unbearbeiteten, aber hochwertigen Glas-, Holz- und Steinelementen der Einrichtung. Auf der Karte stehen Thunfisch mit Wasabi, Hummer mit Rettich oder Geflügelsaté – für die Pariser Gourmetszene noch gewöhnungsbedürftig.

MICHEL ROSTANG
20, Rue Rennequin, 75017
Tel.: 0033-1-47 63 40 77
rostang@relaischateaux.com
Michel Rostangs einladendes Restaurant ähnelt einem englischen Club. Seine gutbürgerliche Küche – solide und raffiniert zugleich – bietet Kalbshaxe, Bressehuhn oder Kalbsbries. Der Eigengeschmack des Produkts wird nicht verfälscht, sondern durch punktgenaue, handwerklich perfekte Zubereitung zur vollen Entfaltung gebracht.

LE MURAT
1, Boulevard Murat, 75016
Tel.: 0033-1-46 51 33 17
Eine der gelungensten Schöpfungen von Jacques Garcia lässt Napoleons Grande Armée wieder aufleben: die Tschakos der Grenadiere, blutrote Sessel und Sofas mit einer Borte mit Panthermuster, Alkoven, die sich hinter Seidenvorhängen in Beige und Hellgrün verstecken, mit Birkenstämmen verkleidete Wände und Decken...

PERSHING HALL
49, Rue Pierre Charron, 75008
Tel.: 0033-1-58 36 58 36
www.pershing-hall.com
Ein Designambiente wie aus dem Lehrbuch: helles Rosa, knallrote Sessel und Vasen; den Innenhof überdacht ein hängender Garten: Die Handschrift von Andrée Putman ist unverkennbar. Die Karte bietet Fusion-Küche. In der Pershing Hall ist Modernität ess- und sichtbar.

PINXO
9, Rue d'Alger, 75001
Tel.: 0033-1-40 20 72 00
Ein modernes, aber einladendes und gemütliches Interieur – das Pinxo ist der Bistrotyp der Zukunft (Fotos siehe Seite 136–139).

RESTAURANT PIERRE GAGNAIRE
6, Rue Balzac, 75008
Tel.: 0033-1-58 36 12 50
Pierre Gagnaires Küche ist eine der spektakulärsten in ganz Frankreich. Zusammen mit dem Chemiker Hervé This entwickelt er die molekulare Gastronomie. Auf der Grundlage wissenschaftlicher Analysen der beim Kochen ablaufenden chemischen Prozesse kreiert er eine ganz neue Art zu kochen und verblüfft mit revolutionären Gerichten: Butter- oder Käseschlagsahne, warme Gelees oder Koteletts in Suppe. Das Interieur ist schlicht, fast schon nüchtern.

SPOON, WINE AND FOOD
14, Rue Marignan, 75008
Tel.: 0033-1-40 76 34 44
Das Anfang 2000 von Alain Ducasse eröffnete Haus ist das Musterbeispiel eines Fusion-Restaurants. Die Küche ist kein geschmacklicher Gemischtwarenladen, sondern die perfekte Verbindung aus handwerklichem Können und moderner Technik wie Induktionsherd, Dampfgaren, Wok und Plancha. Aber auch traditionelle Methoden wie Grill oder Schmortopf gehören zum Repertoire. Egal ob der Gast aus Asien, Amerika, Afrika oder Frankreich kommt – hier findet jeder das passende Gericht. Das Dekor in hellem Grau ist sachlich-nüchtern, gleichwohl elegant und verleiht dem Ganzen eine exotische Zen-Atmosphäre.

LA TABLE DE JOËL ROBUCHON
16, Avenue Bugeaud, 75016
Tel.: 0033-1-56 28 16 16
Im ehemaligen 16 au 16 arbeitet eine erfahrene Küchenmannschaft. Zum einen der junge Chefkoch Frédéric Simonin, früher Assistent von Ghislaine Arabian, ein Meister in der Zubereitung der hier üblichen kleinen Häppchen. Zum anderen der sympathische und aufmerksame Chef des Service, Antoine Hernandez, und schließlich François Benot, einer der besten Pariser Patissiers. Hausherr Joël Robuchon beweist mit diesem Lokal, dass seine Küche auch für kleine(re) Geldbeutel erschwinglich sein kann. Das karamellbraune Interieur ist schick und zurückhaltend funktional, eine echte Wohlfühloase...

TERRASSE MIRABEAU
5, Place de Barcelone, 75016
Tel.: 0033-1-42 24 41 51
Pierre Negrevergne, ehemals Koch bei Michel Rostang (siehe oben), bietet im Terrasse Mirabeau solide Bistroküche, aber auch raffinierte Gerichte. Sein nüchtern-modern eingerichtetes Bistro ist eine der besten Adressen in diesem vornehmen Pariser Viertel.

TOKYO EAT
Palais de Tokyo
13, Avenue du Président-Wilson, 75016
Tel.: 0033-1-47 20 00 29
Allein das Gebäude lohnt einen Besuch. Das Musée d'Art Moderne der Stadt Paris im Palais de Tokyo sieht eher nach Flugzeughangar aus als nach Restaurant, aber nur auf den ersten Blick. Chefkoch Thierry Bassard und Claudio Episcopo, der Direktor von Tokyo Eat, haben große, rosafarbene fliegende Untertassen installieren lassen, aus denen Technomusik dröhnt. Die Küche bietet kulinarische Abenteuer: Willkommen im »Fooding-Fusion-Wunderland«. Die Preise halten sich im Rahmen, der Service ist freundlich, das Publikum gemischt – kein Wunder, dass hier stets der Teufel los ist.

ZE KITCHEN GALERIE
4, Rue des Grands-Augustins, 75006
Tel.: 0033-1-44 32 00 32
William Ledeuil kochte früher bei Guy Savoy im Bouquinistes. 2001 eröffnete er dieses geschmackvolle, nur einen Hauch zu laute Restaurant im postmodernen Stil mit einer Fusion-Küche, von deren Qualität ganz Paris schwärmt. Dieser Spitzenkoch hat eine Vorliebe für die Thai-Küche. Er ergänzt beispielsweise traditionelle französische Gerichte mit asiatischen Wurzeln und Kräutern. Seine Zutaten kauft er in der Pariser Chinatown im 13. Arrondissement. Er hat aber auch Lieferanten aus Japan und geht mehrmals im Jahr auf Einkaufstour auf Bangkoks schwimmenden Märkten.

Pierre Rival dankt seinen kulinarischen Musen Aliona Antonova, Stéphanie Lux, Olga Moroz, Emmanuelle Perrier, Catherine Sick und Sophie Tao. Er dankt auch Serge Cosseron, Jacques Dereux, Albert Nahmias, Alain Neyman, Jean-Claude Ribaut, Anton Rival und Christian Sarramon dafür, dass sie so manches Menü mit ihm geteilt haben. Er dankt außerdem Ghislaine Bavoillot für ihre Sorgfalt und die ihm gewährte Freiheit und dem Verlag Flammarion für seine unerschütterliche Ausdauer.

Christian Sarramon dankt Inès, Diego und Kim, die gutes Essen zu schätzen wissen. Vielen Dank an Pierre Rival für die akribischen Recherchen der historischen Hintergründe. Dank auch an Gisou Bavoillot, Sylvie Ramaut und Aurélie Sallandrouze für ihre unermüdliche Unterstützung.

Titel der französischen Originalausgabe
Paris gourmet
Copyright © 2005 by Éditions Flammarion, Paris

Copyright © 2006 der deutschen Ausgabe by Éditions Flammarion, Paris

Alle Rechte der Verbreitung, auch durch Film, Funk und Fernsehen, fotomechanische Wiedergabe, Tonträger jeder Art, auszugsweisen Nachdruck oder Einspeicherung und Rückgewinnung in Informationssystemen aller Art, sind vorbehalten.

Koordination: AIO Buch und Bücher, Dr. Günther Fetzer, München
Lektorat: Maria Müller
Grafische Gestaltung: Isabelle Ducat
Satz: Carmen Marchwinski, München
Lithografie: Reproscan
Druck: Errestampa

Printed in Italy

ISBN 2-08-021044-0
FB 1044-06-III
Dépôt légal: 3/2006

Éditions Flammarion
87, quai Panhard et Levassor
F-75013 Paris

www.editions.flammarion.com